トロイアの真実

アナトリアの発掘現場から
シュリーマンの実像を踏査する

大村幸弘

写真 大村次郷

山川出版社

トロイアの真実

トロイアの真実

目次

ヒサルルック第Ⅵ層の建築遺構
ヒサルルック第Ⅵ層の建築遺構は、城塞を除くとその残存状態は不良といえよう。つまり、第Ⅷ層、第Ⅸ層のギリシア、ローマ時代のアテナイ神殿が建設される際にかなりの部分が取りはずされたものと考えられる。遠方にみえるのは、観光用の木馬である。

目次

写真説明文は大村幸弘

アナトリアの主要遺跡　▲印は、発掘調査が実際におこなわれた遺跡、あるいは現在も調査が継続されている遺跡で、ホユック、テペと呼ばれる遺丘はおもに中央、東、南東アナトリアに、ドゥズ・イェルレシム・イェリ(平らな遺跡)の多くはエーゲ海、地中海沿岸地域に点在している。ヒッタイト帝国時代の主要遺跡はクズルウルマック(赤い河)に囲まれた地域に集中している。

ブルガリア
黒 海
ボスポラス海峡
ギリシア
ダーダネルス海峡
イスタンブル
マルマラ海
チャナックカレ
プナルバシュ（ブナルバシ）
ヒサルルック（トロイア?）
エスキヤパル
アラジャホユック（アリンナ）
ボアズカレ（ボアズキョイ、ハットゥシャ）
イナンドゥック（ハンハナ?）
アンカラ
ゴルディオン
ビュクリュカレ
カマン
カマン・カレホユック
ヤッスホユック
クルシェヒル
トゥズ・ギョル（塩湖）
アジェムホユック
エーゲ海
ベルガマ（ベルガモン）
キオス島
バイラックル（スミュルナ）
イズミル
エフェス（エフェソス）
プリエネ
ミレトス
ディデュマ
ア ナ ト リ
コンヤ
カッパドキア
カラホユック
チャタルフユック
ト
カライン
ジャンハサン
タルスス
地 中 海
キプロス
○現在の主要都市
▲主要遺跡所在地（ ）内は旧名

遺丘の層と市の名称について

丘状の遺跡を掘りさげる際に、現在では上層から下層へ向けて層序としてⅠ層、Ⅱ層、あるいは1層、2層などと名称を与えられているのをよくみるが、名称の付け方は発掘調査の担当者に任意に委ねられている。1市、2市としても差し支えない。トロイアの層序に対してしばしば第1市、第2市、あるいは第一市、第二市として名称が与えられている場合も見受けられるが、これはいずれも第Ⅰ層、第Ⅱ層とほぼ同じ意味をなしている。

シュリーマンと私

現在、中近東世界で発掘調査をおこなっている考古学者のなかには、ハインリッヒ・シュリーマン（一八二二〜九〇年）の自叙伝『古代への情熱――シュリーマン自伝』（一八九一年刊、邦訳・岩波文庫、一九五四年。以後『古代への情熱』）に魅せられた者が多いに違いない。シュリーマンは八歳のとき、クリスマスプレゼントとして父親から贈られた一冊の本、ゲオルク・ルドヴィヒ・イェッラーの書いた『子どものための世界歴史』（一八二八年刊）によって、彼の一生を決めたといわれる。いまだにこれが事実か否かの論争はあるものの、その本のなかのトロイア（トロヤ）が炎上する挿絵によってシュリーマンの「古代への道」は切り開かれたといっても過言ではない。そこには火に包まれたトロイアの城壁、そしてスカイア門が描かれていた。

それをみてシュリーマンは父親に向かっていった。

「お父さん、あなたは間違っていたよ、イェッラーはきっとトロヤを見たんだ。でなければ博士がここを描けなかったでしょう」と叫んだ。彼は「ねえおまえ、これはただの作り絵だよ」と答えた。しかし、それなら古代トロヤにはかつて実際にこの絵に描かれているよう

トロイア炎上　ホメロスの『イリアス』には、トロイア戦争のことが克明に述べられている。ヨーロッパでは、トロイア戦争を題材にした絵画が数多く描かれてきた。これからだけでもいかに『イリアス』がヨーロッパの人々を惹きつけてきたかがよく理解できる。シュリーマンも、ゲオルク・ルドヴィヒ・イェッラーが書いた『子どものための世界歴史』に描かれていたトロイア炎上の絵にすっかり虜(とりこ)になったといわれる。

ハインリッヒ・シュリーマン　アテネにあるシュリーマンの邸宅には多くの肖像画や写真がかけられている。この写真は、シュリーマンがペテルブルグ(現サンクト・ペテルブルグ)に居を構え、オランダのシュレーダー商会の支店を設立して盛んに商いをおこなっていた38歳頃に撮影されたもの。この当時は、多くの外国語の修得に時間を割いていたが、まだトロイアの発掘に関して具体化していない。ただ、この写真からシュリーマンが何かを追い求めようとしている気概だけは十分に読み取ることができる。

な堅固な城壁があったのか、との私の質問にたいしては、彼はそうだと答えた。そこで私は「お父さん、もしその城壁が立っていたことがあるのなら、それが跡形もなくなるなんてことはない。きっと数百年間の石ころや塵の下にかくれているかもしれないでしょう」と言った。そのとき彼はもちろん反対したけれども、私が自分の考えをかたくとって動かないので、ついに私たちは、私が将来いつかはトロヤを発掘するということに意見が一致した。(『古代への情熱』)

シュリーマンは、一八二二年一月六日、バルト海に面した北ドイツ、メクレンブルク・シュヴェーリン大公国のノイブコウ村に生まれた。一八三六年、十四歳のときに雑貨商で丁稚として働きはじめる。自叙伝によると、働きながらもシュリーマンはトロイアのことを一度として忘れることはなかったという。四四年、アムステルダムのB・H・シュレーダー商会に職を得、五六年にはロシアのペテルブルグ(現サンクト・ペテルブルグ)に商会の代理人として派遣された。その後独立し、つぎつぎと商いを展開、ロシアとオスマン帝国とのあいだで起きたクリミア戦争(一八五三~五六年)では莫大な富を得たといわれる。一八六三年に商売から完全に手を引き、夢にまでみたトロイアを発見する大事業へと乗り出したのである。

シュリーマンの自伝は、何度読んでも引き込まれる。一枚の挿絵のなかに描かれているトロイアを探し出そうとし、その発掘資金をつくり、夢へと向かったシュリーマンに誰が憧れないだろうか。私がこの自伝を読んだのは、十代の半ばのことだった。

民族の痕跡が地層となる

一九七二年、私はトルコ共和国のアンカラ大学へ留学した。そのときにもこの『古代への情熱』を鞄に入れて出かけた。アナトリア高原の発掘現場のキャンプでこの自伝を何度、読んだことか。それから足かけ四十三年、私はアナトリア高原で考古学の発掘調査と遺跡踏査をおこなってきた。そして、現在、私はアナトリアのほぼ中央部に位置するカマン・カレホユック遺跡で発掘調査をおこなっている。今でもふとしたときに『古代への情熱』を手にしては読みふけることがある。そしていつものことだが、いつの間にかシュリーマンの世界へと引き込まれているのである。

小アジアともいうアナトリアは、ほぼ現在のトルコ全域にあたる地域の名称で、考古学の世界では、トルコは使わず、アナトリアという言葉を用いる。ここには、多種多様で密度の濃い歴史の堆積がある。この地には何千年もの昔からさまざまな民族が到来し、数多くの帝国や王国の興亡があった。そのため、おこっては消え、おこっては消えた各民族の痕跡が、ちょうど地層のように積み重なっているのである。アナトリア史上には、三つの帝国が存在した。すなわち、紀元前二千年紀後半に「鉄と軽戦車」を駆使してこの地を席巻したヒッタイト帝国、四世紀から十世

カマン・カレホユック遺跡　直径280メートル、高さ16メートル、アナトリアでは中規模の丘状遺跡である。1985年に予備調査をおこなったのち、翌86年、三笠宮崇仁親王殿下に最初の鍬入れをしていただき、以後、学術発掘調査を継続している。今日までの発掘調査では、4文化層(オスマン帝国時代／ビザンツ時代、鉄器時代、中期・後期青銅器時代、前期青銅器時代)が確認されている。銅石器時代、新石器時代の遺物が出土しており、それらの文化の存在も考えられる。気球にカメラを搭載、約300メートル上空から撮影。

紀以上にわたって君臨したキリスト教を国教とする東ローマ帝国、つまりビザンツ帝国、その後、そのビザンツ帝国を駆逐したオスマン帝国である。

アナトリア高原は標高八〇〇メートルから一〇〇〇メートル。夏は四十五度を超えることもあり、冬は氷点下二十度以下にまでもさがる。水利もあまりよくない。中央アナトリアのほぼまんなかを孤を描くように流れるクズルウルマック（赤い河）が高原で最長の河川だが、場所によっては真夏には歩いて渡河できるほど枯れてしまうときもある。このような厳しい環境にあるにもかかわらず多数の民族の営みが刻まれたのは、地政学的にヨーロッパ（西）とアジア（東）の架け橋の位置にあるからだ。アナトリアが「東西文明の交差点」といわれるゆえんである。

カマン・カレホユック遺跡は、首都のアンカラから直線距離で南東約一〇〇キロにある丘状の遺跡だ。一九八五年に考古学的予備調査をおこない、翌年から本格的発掘調査を開始し、現在にいたっている。この調査の目的は誰もあまり興味をもたない「文化編年」の構築である。トルコは東西、南北の文化が交錯した地であり、一つの遺跡のなかに多くの文化の痕跡が重層したかたちで眠っている。この「文化編年」、換言すれば「年表」は、考古学研究の基盤の一つである。アナトリアの「文化編年」は、アメリカ、ドイツ、そしてイギリスによって、二十世紀の前半に構築されたもので、いずれも半世紀以上たったものばかりだ。それらのなかには大幅な修正を必要としているものもある。

なぜ、同じ場所に古代都市が何度でも建設されたかについては後述するとして、いずれにしてもカマン・カレホユック発掘調査をおこないながら、『古代への情熱』が脳裏から離れることはなかった。発掘調査で迷路に迷い込んだときなど、このシュリーマンの自叙伝に何度励まされたことか。

トロイア同定への疑問

しかし、アナトリアで発掘調査をおこなえばおこなうほど、シュリーマンが発掘したヒサルルック遺跡に対していくつもの疑問が湧いてきた。その疑問とは、アナトリア北西部に位置するヒサルルック遺跡は本当にトロイアなのかということであり、そしてそこがトロイア戦争の舞台であったのかということだった。いろいろな報告書を読んでみたところで、それらを解決するだけの決定的な根拠はどこにもみつからなかった。

カマン・カレホユック遺跡のなかには、いくつもの古代都市が眠っている。ヒッタイト帝国時代の都市もある。しかし、カマン・カレホユックの帝国時代の古代名をみつけることは至難の業《わざ》である。そう容易にできるものではない。発掘調査をとおして古代名を二十九年間探し続けているが、いまだみつけることができないままだ。粘土板文書でも出土し、そのなかにカマン・カレホユックの古代名でも刻まれているのであれば別であるが、そのような奇跡的なことはまずない。

アナトリア考古学研究所　この研究所は、1998年5月にトルコ共和国クルシェヒル県カマン郡チャウルカン村に設立され、2005年の9月に研究所の建物の一部が完成した。2010年7月には研究所の残りの部分とカマン・カレホユック考古学博物館の建設が完了した。博物館には、研究所がおこなっているカマン・カレホユック遺跡、ヤッスホユック遺跡、ビュクリュカレ遺跡の発掘調査から出土している遺物が展示されている。

カマン・カレホユック遺跡
カマン・カレホユック考古学博物館
三笠宮記念庭園

シュリーマンは何を根拠にヒサルルック遺跡をトロイアとしたのだろうか。

そしてもう一つの疑問はシュリーマンが発見した火災層であった。『古代への情熱』でも炎上したトロイア城のことが記されている。しかし、城塞を発見しそこに火災の痕跡をみつけたからといって、ヒサルルックをトロイアと結びつけることは可能なのだろうか。シュリーマンの報告を読んでいる限り、その疑問をなかなか解明することができなかった。

そのような疑問を解きほぐす前に、一九九八年、ヒサルルックはユネスコの世界遺産条約によって「世界遺産リスト」に登録された。登録される際も、ヒサルルックではなく「トロイアの古代遺跡」としてであった。もう誰もがヒサルルックがトロイアであるとする説に反論できる状況ではないかのようにみえる。

しかし、ヒサルルックがトロイアか否か、そしてヒサルルックの火災層がトロイア戦争のものかなどを再考する必要があろう。なぜならばヒサルルックの発掘、そしてその報告書はアナトリア考古学、中近東考古学を研究するうえで、これまで一つの指標となってきたからである。その火災層を境として青銅器時代から鉄器時代へと変わった時期でもあり、世界史の大変換点でもあった。

アナトリアとギリシアとの狭間に位置しているヒサルルックは、東西文明の交錯を見事に表現している遺跡の一つであり、文化の変遷過程をとらえるうえでも、これからもアナトリア考古学の指標であり続けるのではないかと思う。そして、現在、私が発掘調査をしているカマン・カレホユック遺跡から浮上してきている問題点を解明するうえでも、ヒサルルックは重要な役割を演じているからである。

クズルウルマック(赤い河)　アナトリア高原の最長の河で、クズルウルマックに囲まれた地域はヒッタイト帝国の本拠地であり、河自体、帝国の城塞の役割を担っていた。帝国の都ハットゥシャ、サリッサ、タピッガ、シャピヌワなどの都市がクズルウルマックに守られるかたちで位置している。帝国の中心地はどちらかというと山がちであり、帝国の拠点を置くには最適とはいえないが、ヒッタイト民族は「鉄と軽戦車」を駆使しながら500年にもおよぶ一大帝国を築きあげた。

トロイア関連年表

前3000〜前2000年	前期青銅器時代
前1950〜前1680年	アッシリア商業植民地時代
前2000〜前1200年	中期・後期青銅器時代
前1550年頃	ミケーネ文明勃興
前15世紀末	ヒッタイト帝国勃興
前1250年頃	10年にわたるトロイア戦争（ギリシアとトロイア）勃発
前1200年頃	ミケーネ文明終焉
前1190年頃	ヒッタイト帝国崩壊
前1190〜前334年	鉄器時代
前1190頃〜前800年頃	中央アナトリアの暗黒時代
前750頃〜前700年頃	ホメロス
前334〜前30年	ヘレニズム時代
前27〜395年	帝政ローマ（ローマ帝国）
395〜1453年	ビザンツ帝国
1299〜1922年	オスマン帝国
1863・65年	カルヴァート、ヒサルルックで発掘
1868年	シュリーマン、ギリシアのイタカ島で発掘
	シュリーマン、プナルバシュで遺跡踏査
1870〜73・78・79・90年	シュリーマン、ヒサルルックで発掘
1880年	シュリーマン、ヒサルルック発掘報告書『イリオス』発表
1882・93・94年	デルプフェルト、ヒサルルックで発掘
1891年	『古代への情熱――シュリーマン自伝』刊行
1932〜38年	ブレーゲン、ヒサルルックで発掘
1988〜2005年	コルフマン、ヒサルルックで発掘
1998年	ヒサルルックが「トロイアの古代遺跡」として世界遺産に登録

第一章　トロイア再考

ヒサルルックをはじめて訪ねたのは四十一年前の五月末だったと記憶している。イスタンブルからエーゲ海の中心都市であるイズミルへと続く街道の途中でバスを降り、ヒサルルックまでの五キロ近くの道を歩いた。街道そばの今にもはずれそうになっている黄色い看板（当時）には、黒字で「トロイア」と書かれていた。

待てど暮らせどドルムシュ（乗り合いバス）がこなかったことに痺れを切らし、遺跡まで歩くことにした。温かな日だった。坦々としたゆるやかな丘陵地にぽつんぽつんと農家がみえた。道の両端にはゲリンジックと呼ばれる真っ赤な花が咲き乱れていた。手に取ってみたくなるほど可憐な花だった。

歩けど歩けどヒサルルックは近づかなかった。一時間半ほど歩いたところで、遙か彼方に木々に囲まれた遺跡がやっとみえてきた。初めてみるヒサルルックは、初夏の日差しでまぶしいほどだった。時計は十二時をすでに回っていた。五月下旬というのに汗ばんでしまった。遺跡には気持ちのいい風が吹いていた。

〈右〉ゲリンジック　ヒサルルックのあるチャナックカレからエフェスのあるエーゲ海沿いには、5月から6月にかけてこの深紅のゲリンジックの花が咲き乱れる。41年前、街道からヒサルルックまで歩いたときに、道の両側には延々とこの花が咲いていたことを覚えている。初夏の風にゆっくりと揺れるゲリンジックはあまりにも美しい。ゲリンとはトルコ語で花嫁を意味するが、花嫁と名づけているのはこの花が可憐であることに由来しているようだ。

〈左〉トロイアへの標識　1973年頃の遺跡への標識は、下地が黄色で文字は黒で統一されていた。これは2009年に撮影したものであるが、1990年代にはいり黒の下地に文字が白抜きになったと記憶している。トロイアが世界遺産(1998年登録)であることを示す標識もある。

ヒサルルック遺跡のそばにある博物館　1970年代には、この博物館にはトロイア考古学博物館の名称がついていた。なかには第Ⅱ層から出土したデパスと呼ばれる両耳杯(写真46ページ)をはじめとして、ブレーゲンが発掘した土器、青銅製品、トロイア遺跡の模型(写真)などが展示されていたが、現在は、博物館内には第Ⅱ層で確認されたメガロン形式の宮殿の模型とパネルなどが展示されているのみである。出土遺物のすべてはチャナックカレ考古学博物館に移動している。現在は、トロイア考古学博物館が遺跡のそばに建設中で、近いうちにヒサルルックから出土したすべての遺物は新博物館で展示されるとのことである。

初めてヒサルルックをみる

遺跡のそばに考古学博物館があった。二十畳ほどの展示室には、ヒサルルックから出土した黒色の磨研土器が陳列されていた。何年前に掲げた解説文なのだろうか。どのパネルも色あせていた。日曜日にもかかわらず、入館者は誰もいなかった。私の歩く靴音だけが響いた。静かだった。

展示されていた土器は、シュリーマンが発掘したものではなく、アメリカのC・W・ブレーゲンが一九三〇年代にヒサルルックで掘り出したものだった。デパスと呼ばれる両耳の把手をもった土器も並んでいた。シュリーマンがみつけた遺物の一部は、トルコのチャナックカレ考古学博物館とイスタンブル考古学博物館に納められている。その他のものはアテネ、ベルリン、そしてシュリーマンが発見した「プリアモスの財宝」（金、銀、青銅などの財宝類）は、今ではモスクワのプーシキン美術館に保管されている。

遺跡のなかを歩いてみた。右手前方に城塞がすぐ目にはいった。第Ⅵ層、前二千年紀後半のものである。城塞に沿って北側へと歩いた。少し高台になっているところがあった。アレキサンドロスが祈りを捧げたというアテナイ神殿の基礎部が残っている。そこから遠方にダーダネルス海峡がみえた。神殿から西側へと少し緩やかな斜面が続く。両サイドに、神殿から崩落したレリーフなどが散乱した状態で置かれていた。

わずかに傾斜になっている道をしばらく歩くと、右手にシュリーマンが南北に設置した、ぽっかり開いている大発掘区がみえてきた。その発掘区から海峡まで、広々とした平野が広がっていた。海からの風がゆっくりと吹きあげてきた。

シュリーマンはこのヒサルルック遺跡をトロイアであると信じきって発掘したに違いない。信じきらなければ、この遺跡をシュリーマンは発掘するはずもなかった。そこから少し進むと、左手に第Ⅱ層の城門に通じる石畳のスロープがみえてきた。シュリーマンがいうところの「(トロイア最後の王)プリアモスの財宝」をみつけた場所に近い。

時計をみるとすでに三時を回っていた。博物館のそばにある土産物屋のベンチに座った。隣にはチャイハネ(トルコティーを飲ませてくれる茶店)があった。チャイ(トルコティー)を注文した。かなり煮込んだ感じの濃いめのチャイがでてきた。観光シーズンの時期からはずれているのだろうか。訪問客はほとんどいなかった。トロイアに関するガイドブックが数冊ある。どれも日差しを受けて色あせていた。一冊購入した。チャイを飲みながらガイドブックに目をとおした。

遺跡には夕方までいただろうか。私は街道まで再び歩くことにした。五月下旬ともなれば日は長い。ゆるやかに続く丘陵地を眺めながら、のんびりと歩いた。街道に出てドルムシュに乗り、チャナックカレの町へ戻ることにした。左手にダーダネルス海峡をみながらうとうとしていると、真っ赤な夕日が沈んでいくのがみえた。シュリーマンもヒサルルックからチャナックカレへ向か

シュリーマンの大発掘区　1873年、シュリーマンが設置した南北に走る大発掘区。数百人の労働者を採用して発掘をおこなったという。遙か彼方にダーダネルス海峡をみることができる。この発掘区を設置し、ダーダネルス側から遺丘の中心部へ向かってシュリーマンはひたすら掘り進んで行った。遺丘に多くの文化層が積層していることを彼はほとんど理解していなかったといえよう。現在、ここでは第Ⅰ層の石壁をみることできる。

うときに、同じ道をたどり海峡を遠望していたに違いない。一瞬で夕日が沈んだ。まわりはゆっくりと暗闇に包まれていった。

ドルムシュが海岸線の丘陵地帯をのぼり切った。遠くにチャナックカレの町の灯りが明滅しているのがみえた。

アナトリア考古学シンポジウム

私は、一九七二年九月十九日、トルコのアンカラ大学言語・歴史・地理学部のヒッタイト学科に留学した。西も東もわからないまま毎日のように大学へ通った。オメール・オズタンという古典考古学科の学生に最初に出会ったのは、学生の溜まり場になっていた大学のカンティン（カフェレストラン）だった。そのとき、まさか彼と一生涯付き合うことになろうとは思わなかった。彼とは一緒に発掘へも行った。地中海、エーゲ海沿岸にある遺跡を訪ねたこともあった。空腹になれば一本のスミット（ゴマが振りかけられたドーナツ状のパン）を買って、二人でよく食べたものだ。時間さえあれば、アンカラの下町にあるアナトリア文明博物館を訪ねたりもした。

オメールとは、一九七三年、東アナトリアのハラバ遺跡、パトノス近郊の鉄器時代の遺跡で一緒に調査隊員として働いた。発掘現場で労働者間のいざこざがあり、二派にわかれた激しい撃ち合いもあった。トラブルが治まるまで、発掘区の窪地のなかにオメールと一緒に避難したこともあった。この二つの発掘現場の体験が、その後の私のアナトリアでの発掘にいろいろと示唆を与えてくれた。パトノスでは、ウラルトゥ王国（前九〜前六世紀にかけてトゥシュパ、現在名ヴァンに都を置いた王国）のネクロポール、つまり墓地を発掘したことがあった。現場でのオメールは明るく、つねにトルコの民謡を口ずさんでいた。そして自分が口ずさんでいるこの民謡は黒海沿岸のものだ、あるいはコーカサス山脈に近いところのものだ、といっては現場だろうがどこだろうが手振り身振りで踊り出したものである。また、彼は私にとってトルコ語の先生でもあった。オメールはヒッタイト帝国の都ハットゥシャ（旧名ボアズキョイ、現在ボアズカレ、アンカラよりほぼ真東約一四〇キロに位置）のあるチョルム県の出身であり、彼からずいぶんとその地方の方言を教わったことも覚えている。

オメールは、大学卒業後、文化・観光省の史跡および博物館総局（通称、考古局）の公務員になり、黒海沿岸の町サムスンの考古学博物館の学芸員として働きはじめた。夏は外国隊の発掘現場に査察官として派遣されていた。彼がチャナックカレ考古学博物館へ転勤していたのは、風の便りで知っていた。

その彼がチャナックカレ考古学博物館の学芸員となれば、ドイツが発掘調査をおこなっているヒサルルック遺跡も管轄していることになるし、そこから出土した遺物を管理していることにもなる。

〈上〉チャナックカレの港　チャナックはトルコ語で陶器、カレは城塞を意味する。つまりチャナックカレは陶器の城塞ということになる。チャナックカレの対岸にはオスマン帝国時代の要塞であるキリットバヒルがあり、無数の陶器片が散らばっている。ヨーロッパでは、今なおチャナックカレをダーダネルスと記載している旅行ガイド書がある。シュリーマンは、ギリシアからイスタンブルへ向かう途中でこの海峡を船で北上、チャナックカレで何度も下船している。

〈下〉ダーダネルス海峡　黒海からエーゲ海、そして地中海へと通じるダーダネルス海峡は、トルコ名でチャナックカレ海峡と呼ばれ、アジアとヨーロッパを分けている。狭いところで１キロ。ヒサルルックは、このダーダネルス海峡のアジア側に位置する。アレキサンドロスもこの海峡を渡ってヨーロッッパ側からアジア側にはいり、ヒサルルックにも短期間であるが逗留したといわれる。

〈上〉チャナックカレ考古学博物館　この博物館には、チャナックカレ県でおこなわれている発掘調査で出土した遺物のすべてが保管されている。もちろん、1988年から2005年まで、M・コルフマンが発掘したヒサルルックの遺物も収蔵されている。屋外に置かれている大形の瓶のなかにはシュリーマンが発掘したものも含まれており、ヒサルルックを研究するうえでは欠かすことのできない博物館である。

〈下〉ダーダネルス海峡側からみたヒサルルック　ヒサルルックがトロイアであるとすれば、ダーダネルス海峡とヒサルルックのあいだのこの平原がトロイア戦争の舞台となったことになるし、アキレウスが、ヘクトルを追いかけてトロイアの周辺を三度もまわった場所もここになる。ヒサルルックの周辺には、シュリーマン、ブレーゲンなどによって遺跡内からかき出された排土(後方)で遺跡は一回り以上も大きくみえる。

トルコでは毎年、前年度におこなわれた発掘調査の報告会が、シンポジウムのかたちで開催される。アナトリアで発掘調査をおこなっている研究者にとっては、またとない情報交換の場となっている。二〇〇六年、嬉しいことにチャナックカレのオンセキズ・マルト大学でシンポジウムが実施された。そこで久しぶりにオメールに会うことができた。報告会は、五月二十九日の月曜日から五日間の予定だった。アンカラを朝七時に出発、チャナックカレのシンポジウムの会場である大学の入口には夕方に到着した。

オメールは入口で、昔の仲間であるサブリ、サドゥリ、メフメットなどと一緒に待っていてくれた。一九七〇年代に東アナトリアで一緒に調査をしていた仲間たちである。懐かしさがこみあげた。オメールは大げさに両手を広げ、私の顔をみるなり、「お前も待たせるな。朝から待っていたぞ」と本当に嬉しそうな顔で出迎えてくれた。その姿は学生の頃とまったく変わっていなかった。彼らは私をみるなりぽんぽんと頭を叩いたり、「俺はお前が誰かも知らないな」と冗談まじりの荒っぽい歓迎を受けた

「サチヒロ、お前も冷たいな。何も連絡しないとは、もう二度と口をきくのはやめようといっていたんだよ」

学生の頃の口調がそのまま残っていた。

「悪かったな、オメール」

再発掘調査の目的が謎

その晩は、ダーダネルス海峡を一望にできる大学のレストランで懇親会があった。海峡から吹きあげてくる風は、なんともいえないほど快適だった。

オメールは、私と昔話に花を咲かせているときに、一言、「ヒサルルックに行かないか」といった。シンポジウムのプログラムのなかにも、発掘隊の案内によるヒサルルック見学がはいっていた。ただ、彼と一緒に行ったほうが楽しそうだと思い、シンポジウムのプログラムがすべて終わった翌日に一緒に出かけることにした。

彼は遺跡のなかを歩きながら、一九八八年から二〇〇五年までヒサルルックで発掘をしたドイツ・チュービンゲン大学のM・コルフマンについてことこまかに話を始めた。

「サチヒロ、お前も知っているだろうが、コルフマンはトルコの考古局とはうまくやっていたと思うよ。現場で何かを発見でもすると必ずといっていいほどアンカラに伝えているしね。まめだったね、コルフマンは」

「それはすごいな。俺にはなかなか真似ができないね」

「ただ、一つどうしても理解できないことがあるね。なぜ、コルフマンがヒサルルックを掘っていたかがまったくみえないんだ。サチヒロ、お前にはわかるか」

この質問は意外といえば意外だった。唐突だった。ドイツのコルフマンといえば、アナトリア考古学界では誰一人として知らない者はいない。そのコルフマンの発掘理由がわからないという。私には合点がゆかなかった。ましてや、オメールはヒサルルックを管轄しているチャナックカレ考古学博物館の学芸員でもある。その彼が、コルフマンがなぜヒサルルックを掘ったのかがわからないというのであるから、いささか驚いてしまった。

「それはどういうことだ、オメール。コルフマンの発掘調査目的がわからないとは」

「これまでヒサルルックを何人も発掘しているのに、なぜもう一度掘ったかがまったく理解できないということさ。サチヒロ、いろいろな研究者が発掘しつくし、もうほとんど掘る所もないようなヒサルルックだよ。そんな遺跡でお前は発掘してみたいと思うか」

それは確かにそうである。シュリーマン、彼の後継者であるW・デルプフェルト、そして一九三〇年代にアメリカのブレーゲンが徹底的に発掘したヒサルルックをもう一度発掘するとなると、相当しっかりした目的が必要である。コルフマンの報告書を読むと、ヒサルルックの交易都市としての重要性の解明、ヒサルルックの「文化編年」の再構築、遺丘の周辺部にある「下の町」と呼ばれる集落跡の確認など、それなりのことは書かれている。しかし、どれをとっても、一世紀以上にわたって発掘調査が繰り返されてきたヒサルルックの再発掘調査をおこなう目的としては、確かに少し首をかしげたくなるものばかりだ。そしてオメールは続けていった。

「お前も知っているだろうが、コルフマンのスポンサーは、ドイツ最大手の企業の一つである自動車メーカーのメルセデス・ベンツだよ。あれだけのスポンサーが、交易都市としての重要性の解明といわれて、ポンと金を出すと思うか。逆立ちしたって出すわけがない」

彼の案内でヒサルルックの遺跡を歩いた。約二時間近く歩いただろうか。ヒサルルックの入口は一昔前とはすっかり変わっていた。観光客相手の店の数も増えていたし、見学者が多いのには驚いてしまった。やはり世界遺産に登録された波及効果があるのかもしれない。

チャナックカレ考古学博物館

オメールはチャナックカレへの帰り道に、ヒサルルックから出土している遺物に関して詳細に説明してくれた。彼は現在、チャナックカレ考古学博物館の収蔵庫のキーパー（管理人）をしているのだという。

「サチヒロ、博物館で何かみたい遺物があったらみせてあげるよ」

「どれということはないが収蔵庫をみせてくれたら嬉しいね、オメール」

「そんなことは簡単さ。今からだってみせてあげるよ」

「いや、明日でいい」

何が収蔵庫にはいっているかも興味はあったが、それ以上にヒサルルック出土の遺物、後期青銅器時代（前一五〇〇頃～前一二〇〇年頃）末の第Ⅵh層出土土器や初期鉄器時代（前一二〇〇頃～前八〇〇年頃、暗黒時代）の第Ⅶb層出土の手づくね土器を手にもってみたいと思っていた。手づくね土器は、指先で粘土をこねてつくったものだ。それも収蔵庫にいくつもはいっているという。

翌日、オメールの案内ではじめてチャナックカレ考古学博物館の収蔵庫をみた。驚くことに、収蔵庫の扉には三つも鍵が掛かっていた。それを一つ一つ開けながらなかに案内してくれた。ひんやりする収蔵庫だった。棚という棚には土器などがびっしりと並んでいた。床のいたる所にも所狭しとばかり土器が置かれていた。収蔵庫に無理矢理に遺物を詰めている感じを強く受けた。すごい遺物の量だった。

「これらはいつここにはいってきたのかわからないが、シュリーマンが発見した土器らしい。それとシュリーマンがヒサルルックを発掘するうえで、すごく世話になったF・カルヴァートが発見したものも含まれているしね」

つぎつぎに得意げになってみせてくれた。あまりもの遺物の多さに、なんだか圧倒されてしまった。

「シュリーマンが発見した遺物はトルコにはないはずだよね、オメール。それがあるとすれば驚きだな。それとシュリーマンの発掘を手伝ったカルヴァートが発掘したものも含まれているとは」

「博物館のオスマン帝国時代の遺物台帳をみると、いろいろな人から遺物が寄贈されているのがおもしろいね。それも帝国時代にチャナックカレに住んでいた外国人からのものもある」

「そんなものも含まれているのか。すごいね」

「お前も知っているだろうが、オスマン帝国時代にはチャナックカレには欧米の領事館がいくつもあったんだ。その建物の一部が町中にまだ残っているしね。外交官からとか、当時チャナックカレで商いをしていた欧米の商人から寄贈された遺物もあるんだ」

シュリーマンはヒサルルックの出土遺物をギリシアへ運び、その後、ベルリン、第二次世界大戦中にはロシアへ密かに運び去られたことは知っていた。後述するが、イギリス国籍のカルヴァート家は、チャナックカレでアメリカやイギリスの領事をしていた一族であり、カルヴァートはシュリーマンのトロイア発掘には欠かすことのできない人物である。

足の踏み場もないぐらいの遺物は無造作に置かれているようにみえた。シュリーマン、カルヴァートが発掘した遺物は、ほとんどトルコにはないと思っていたが、一部にしてもチャナックカレ考古博物館にあることがわかっただけでも、なんともいえないぐらい嬉しい気持ちになった。

上空から撮影したヒサルルック　遺丘は東西約240メートル、南北約180メートルとアナトリアでは中規模である。遺丘から外へ発掘でかき出された土で遺跡自体は大きくみえる。遺丘の北裾から中心部へかけてシュリーマンが設置した大発掘区の一部が、写真の上方にみえる。140年経たのちでも発掘区がそのまま残っている。

手づくね土器と青銅製釦形印章

オメールはじつに気軽に、つぎつぎと遺物をみせてくれた。

「これかな、サチヒロ。これがヒサルルックの第Ⅶb層から出土した手づくね土器だね」

轆轤《ろくろ》でつくっていないため、手づくね土器には轆轤で作成する際にできる轆轤目がない。手にもってみると意外に重かった。それと、思っていた以上に丁寧に器壁は磨かれていた。実際に触ってみるのと、展示ケースのなかにはいっているのをみるのとはまったくちがう。

「トラキアとかブルガリアからはいってきた民族がつくったという土器なんだね、オメール」

「トラキア、ブルガリアとはおもしろい話だけど、これと一緒に彩文土器もみつかっていることは誰もあまり強調していないよね」

この手づくね土器の類例が、私が発掘をしているカマン・カレホユック遺跡の第Ⅱd層からも出土している。それと比較するとどうもカマン・カレホユックの手づくね土器のほうが焼成温度が高く、ヒサルルックのカテゴリーに入れるのには無理がありそうだ。手づくね土器をオメールに手渡すと、コルフマンが発掘した青銅製の釦形《ボタン》の印章をみせてくれるという。一九九五年に出土した印章である。

「そんなものを俺にみせても大丈夫か」

私は思わず心配になりオメールに尋ねた。貴重な遺物であれば発掘者の許可が必要になるのではないか。

「心配するな、サチヒロ、これまでもいろいろな研究者にみせているから。それとね、もう何度も発表されたものなんだ。少なくとも俺はね、ここの博物館の収蔵庫のキーパーだよ。館長だって収蔵庫の管理については、俺には何一つ文句がいえないんだから」

そういうときのオメールの顔は、じつに得意げだった。オメールは小さなプラスチックの箱から青銅製の印章を取り出し手渡してくれた。それにはヒッタイト帝国時代から初期鉄器時代（前十五世紀後半〜前八〇〇年頃）にアナトリアで使われていた、印欧語族の一つでヒッタイト語などと同類のルウィ語のヒエログリフが刻まれていた。第Ⅶb2層、前一一三〇年頃の層から出土したものである。ルウィ語のヒエログリフは、碑文や印章などに刻まれる象形文字、つまりヒッタイト帝国時代に使われた絵文字である。ヒサルルックから出土した印章の片面には書記官名、もう一面には女性名が刻まれていた。おそらく書記官夫婦の名前が刻まれていたのであろう。第Ⅷb2層となると、ヒッタイト帝国時代以降の層から出土したものである。カマン・カレホユックの初期鉄器時代に年代づけられる第Ⅱd層からも、石製であるがこの手の印章が出土している。

オメールから青銅製の印章を受け取った。手の平に載せると、なかなかの重みがあった。

「なかなか良い印章だね。この類《たぐい》のは西アナトリアでは、ほとんどみつかっていないはずだよ」

〈右〉チャナックカレ考古学博物館の学芸員室　右が友人のオメール、左が青銅製神像（左ページの写真）をみる著者。時折、博物館を訪ねてはヒサルルック出土の遺物を観察した。トルコの博物館では資料を手にとって観察するには許可が必要になってくる。2006年のシンポジウムの際に、許可を取得したうえでオメールからヒサルルックの出土遺物をいくつかみせてもらった。

〈下〉デパス（両耳杯）　ヒサルルック第Ⅱ層、前3千年紀後半に年代づけられる。この時代独特の土器でデパス（両耳杯）と呼ばれ、儀礼に使用したと考えられる。チャナックカレ考古学博物館蔵。図はシュリーマンのスケッチ。

青銅製釦（ボタン）形印章　1995年、第Ⅶb層、初期鉄器時代の層位から出土している。刻まれているヒエログリフは、ヒッタイト帝国時代の印章などに多用されていたルウィ語（Luwili）である。帝国が崩壊したのちも使用されていたと考えられている。前面には、書記官名、裏面には女性名が記されている。径2センチ。この釦形印章は、石製のものが一般的で青銅製のものは少ない。チャナックカレ考古学博物館蔵。

〈左〉青銅製神像　第Ⅶa層出土の青銅製神像。ほっそりとした姿の青銅製の神像はヒッタイト帝国の他の遺跡からも出土している。形態から前2千年紀後半、後期青銅器時代に年代づけられる。顔の表現、とくに目を観察するとヒッタイト帝国時代独特のアーモンド形をしている。チャナックカレ考古学博物館蔵。

〈上〉人形（ひとがた）土器　ヒサルルック第Ⅱ層出土。シュリーマンは、「ふくろう」の目をした女神で、トロイアの最古の像と考えた。この形態の土器は、西アナトリア、とくに沿岸地域の前3千年紀、前期青銅器時代の文化層から出土している。シュリーマンのスケッチ。

〈左〉ハドリアヌス帝像　チャナックカレ考古学博物館展示室には、M・コルフマンが発掘したヒサルルック出土の遺物が、層序別に展示されており、第Ⅰ層から第Ⅸ層までの出土遺物を観察すると、多くの文化が見事に積層されていることを読み取ることができる。正面に展示されているのは五賢帝の1人ハドリアヌス帝（位117〜138）の彫像で、ヒサルルックの第Ⅸ層のローマ時代のオデオン（音楽堂）から出土したものである。

「だから大変なんだよ、サチヒロ。これが出土したときのコルフマンの喜びは相当だったね。みせたかったぐらいだ。何分ヒッタイトで使われていたヒエログリフが刻まれていたんだからね」

オメールは何度かヒサルルックの発掘調査の査察官をしている。そのこともあってか、コルフマンの動きをつぶさにみていたようである。

ヒッタイト帝国時代のヒエログリフが刻まれている印章がヒサルルックから出土したとなると、ヒサルルックとヒッタイト帝国を結びつけることも可能となる。ましてや印章に書記官名が記されているとなると、ヒサルルックには文字を理解し、刻むことができる人物がいたということにも結びつく。

そこにコルフマンがヒサルルックになぜ執着しているかの鍵が隠されているのではないかと思った。この話をオメールから聞いたとき、ひょっとするとコルフマンは、ヒサルルックをトロイアと同定するために、決定的な何かを探し出そうとしているのではないかと一瞬思った。

そして、オメールがヒサルルックの査察官としてはいっているときに出土した青銅製の像もみせてくれた。コルフマンはこれがみつかったときも小躍りして喜んだという。その男性像も、一九九五年、第Ⅶa層から出土しており、頭部の形態、そして前へ差し出す両腕などからヒッタイトの神像とされ、礼拝者の可能性も指摘されている。この類例はヒッタイト帝国の都ハットゥシャからも出土しているし、大きな耳などはヒッタイト独特の表現である。

コルフマンはヒサルルックで、真剣に何かをみつけようとしていたのではないか。このことに関してはコルフマンが日本へ講演にきた際にも何度か尋ねたが、最後まで本音を教えてもらえなかった。ただ、コルフマンが一言、「メルセデス・ベンツなどに動いてもらううえでは、明確な問題点をいわなければ支援などしてくれるわけもないね」といったことがじつに印象的だった。

通説への根本的な疑問

その日はオメールと一緒に夕食をとることにした。ダーダネルス海峡のすぐそばにあるレストランだった。彼にいわせるとチャナックカレは海峡に面していることもあり、魚がうまいのだそうだ。黒海、地中海から魚が回遊する際にこの海峡をとおるのだという。出てきた焼魚は、オメールがいうようになかなか美味しかった。

「オメール、昨日、君はヒサルルックをトロイアであるかどうかを判定するのは難しいといっていたよね。それはどういう意味なんだい」

私はオメールの考えをどうしても聞きたかった。彼は私の問いに丁寧に応えてくれた。誰もがヒサルルックをトロイアだというが、考古学的に証明できたといえるのだろうか。その根拠をはっきりみつけたとでもいうのだろうか、と何度もいう。ヒサルルックをトロイアとしたシュリーマンはどうだ、デルプフェルトはどうなんだ、ブレーゲンは、そしてコルフマンは、何か確証を

ヒサルルックの遺丘断面図（デルプフェルト作成のものに基づく現在の文化編年）
青銅器時代からローマ時代のイリオンまでの9時期

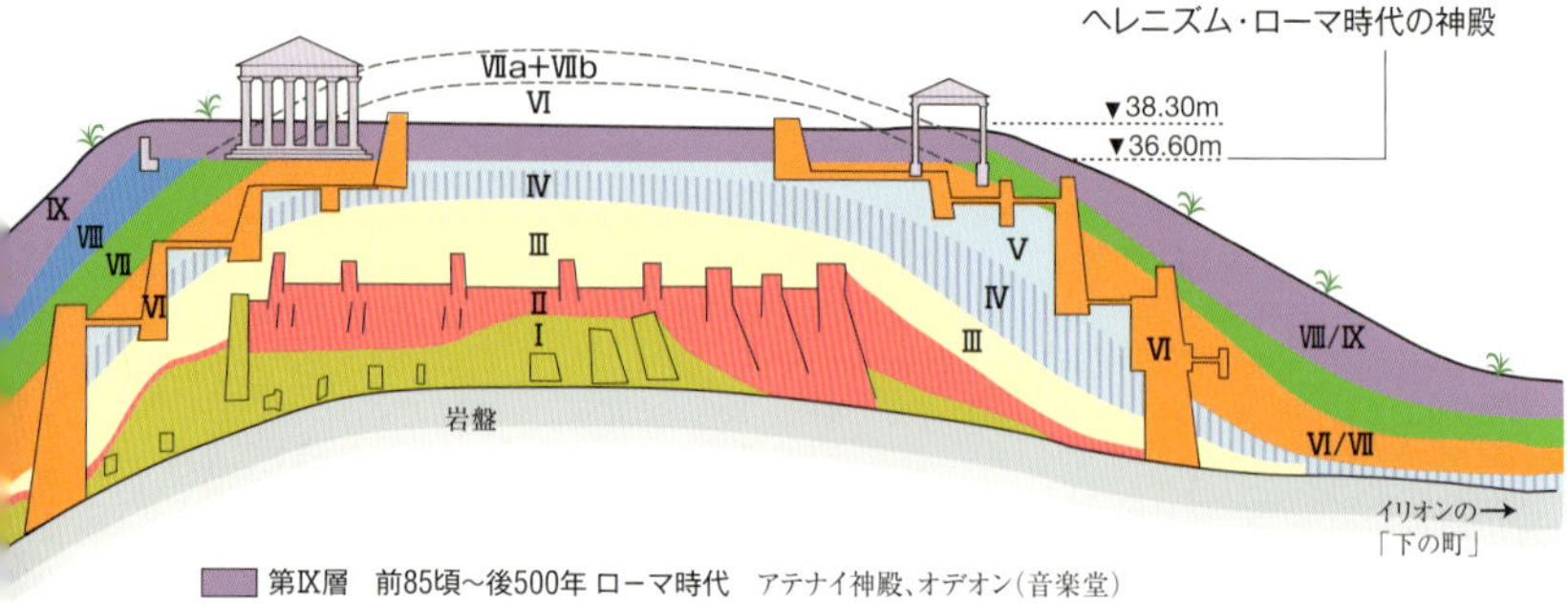

- 第Ⅸ層　前85頃～後500年 ローマ時代　アテナイ神殿、オデオン（音楽堂）
- 第Ⅷ層　前700頃～前85年頃 アルカイク時代～ヘレニズム時代
- 第Ⅶb層 前1180～前700年 初期鉄器時代　アナトリアの「暗黒時代」
- 第Ⅶa層 前1230～前1180年 後期青銅器時代末　ブレーゲン、コルフマンは第Ⅶa層をトロイア戦争の舞台とした
- 第Ⅵ層　前1700頃～前1200年頃 中期・後期青銅器時代　鋸状の石壁の城塞　ヒサルルックがもっとも繁栄した時期。コルフマンは「高度トロイア文化」と命名。第Ⅵh層と第Ⅶa層は大火災で終了。デルプフェルトは第Ⅵh層をトロイア戦争の舞台とした。シュリーマンも追認
- 第Ⅴ層　前2000～前1700年 ┐
- 第Ⅳ層　前2100～前2000年 ┘アナトリア・トロイア文化（コルフマン）
- 第Ⅲ層　前2200～前2100年頃 前期青銅器時代末期
- 第Ⅱ層　前2400～前2200年 前期青銅器時代中期～後期　シュリーマンが「プリアモスの財宝」を発見した層
- 第Ⅰ層　前3000～前2400年 前期青銅器時代前期

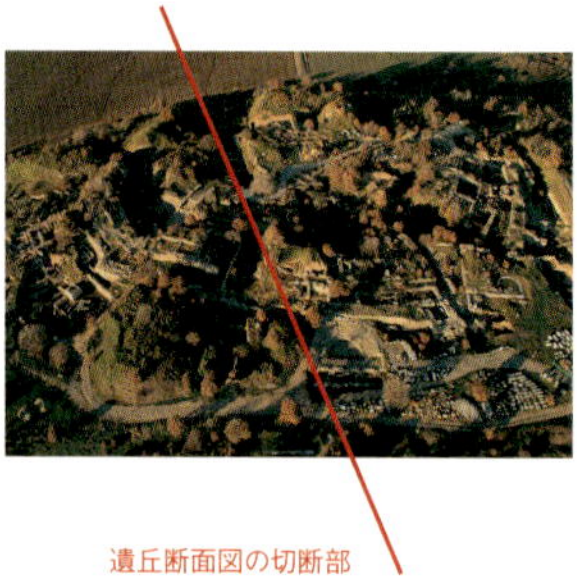
遺丘断面図の切断部

ヒサルルックは遺丘であるが、最下層直下は岩盤状の丘になっており、その上に都市が築かれたことになる。つまり、第Ⅰ層の前期青銅器時代が構築される際には丘陵の上に集落が置かれたといえる。シュリーマンが発見した「プリアモスの財宝」といわれる金製品は第Ⅱ層から出土したものであり、トロイア戦争時のものではない。第Ⅲ層から第Ⅴ層の前2千年紀前半の建築遺構も確認されているものの、保存状態は良好とはいえない。

第Ⅵ層になると、ヒサルルックは極めて高度な文化が発達している。この時期のアナトリアは、「鉄と軽戦車」を駆使しながら一大帝国を築いたヒッタイト民族が覇権を握った時期で、ヒッタイトの文化と比較考察することが極めて重要であろう。第Ⅵ層ののちに構築されたのが鉄器時代の第Ⅶ層であり、そのなかに「暗黒時代」と呼ばれる第Ⅶb層の文化が位置しており、カマン・カレホユックの第Ⅱd層の文化とを比較考察することができる。第Ⅷ層のアテナイ神殿が構築される際には下の文化層の建築遺構がかなり破壊されており、第Ⅵh層などの建築遺構の保存状態も不良となっている。

カマン・カレホユックの文化編年

表層を少しはずすと、第Ⅰ層のオスマン帝国時代の建築遺構が確認されている。遺跡は発掘中のため、表層から下層部に順に数字が進む。文化層が確定するとヒサルルックのように下層からの時代順に整理をしなおす場合もある。第Ⅰ層では5建築層がみつかっており、いずれも保存状態は良好である。5建築層の上層部は、明らかにオスマン帝国時代であるが、下層部はビザンツ時代の可能性が高い。第Ⅰ層の建築遺構をすべて取りはずすと、北区では、およそ1800年の空白期間ののち、第Ⅱ層の鉄器時代が出土する。出土遺物、建築形態などから4期、つまり第Ⅱa層、第Ⅱb層、第Ⅱc層、そして第Ⅱd層に分かれることが明らかとなっている。

第Ⅱd層は「暗黒時代」に年代づけられており、遺跡ではこの文化層は広範囲でみつかっている。さらに発掘を進め、第Ⅲb層から出土している遺物を観察すると、メソポタミアなどと結びつくガラス製ビーズなどが出土しており、遠方地域との交易がおこなわれていたことを物語っている。第Ⅲc層は、アッシリア商人がアナトリアの鉱産物を求めて中央アナトリアに交易拠点であるカールム(居留区)を建設し、経済活動を活発化させた時代である。彼らがもちこんできた楔形文字によって、アナトリアは「歴史時代」にはいったといわれる。

この第Ⅲc層を取りはずしたところで、アッシリア商業植民地時代とそれ以前から継承されていた文化の混在する前3千年紀末から前2千年紀初頭に年代づけられる第Ⅳa層―中間期がみつかっている。その直下からは前期青銅器時代の文化が確認されている。これまでの発掘調査で銅石器時代、新石器時代に年代づけられる遺物が出土しており、これからの発掘調査で第Ⅴ層、第Ⅵ層が検出されるものと思う。

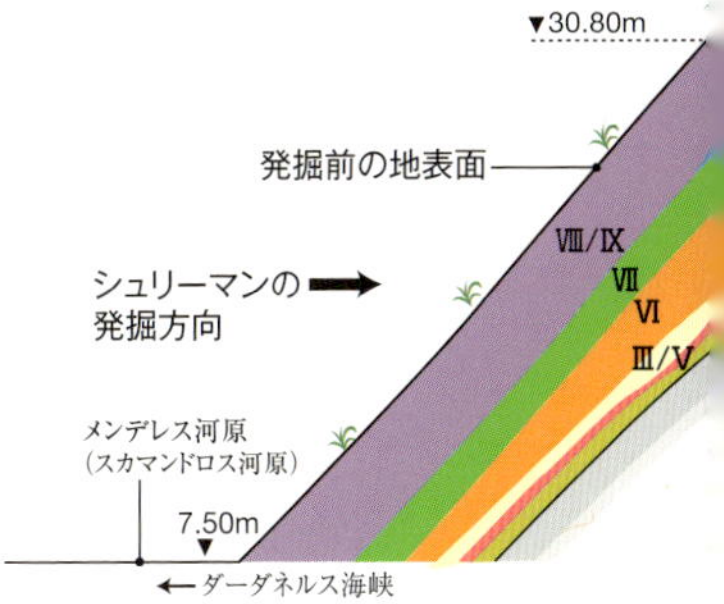

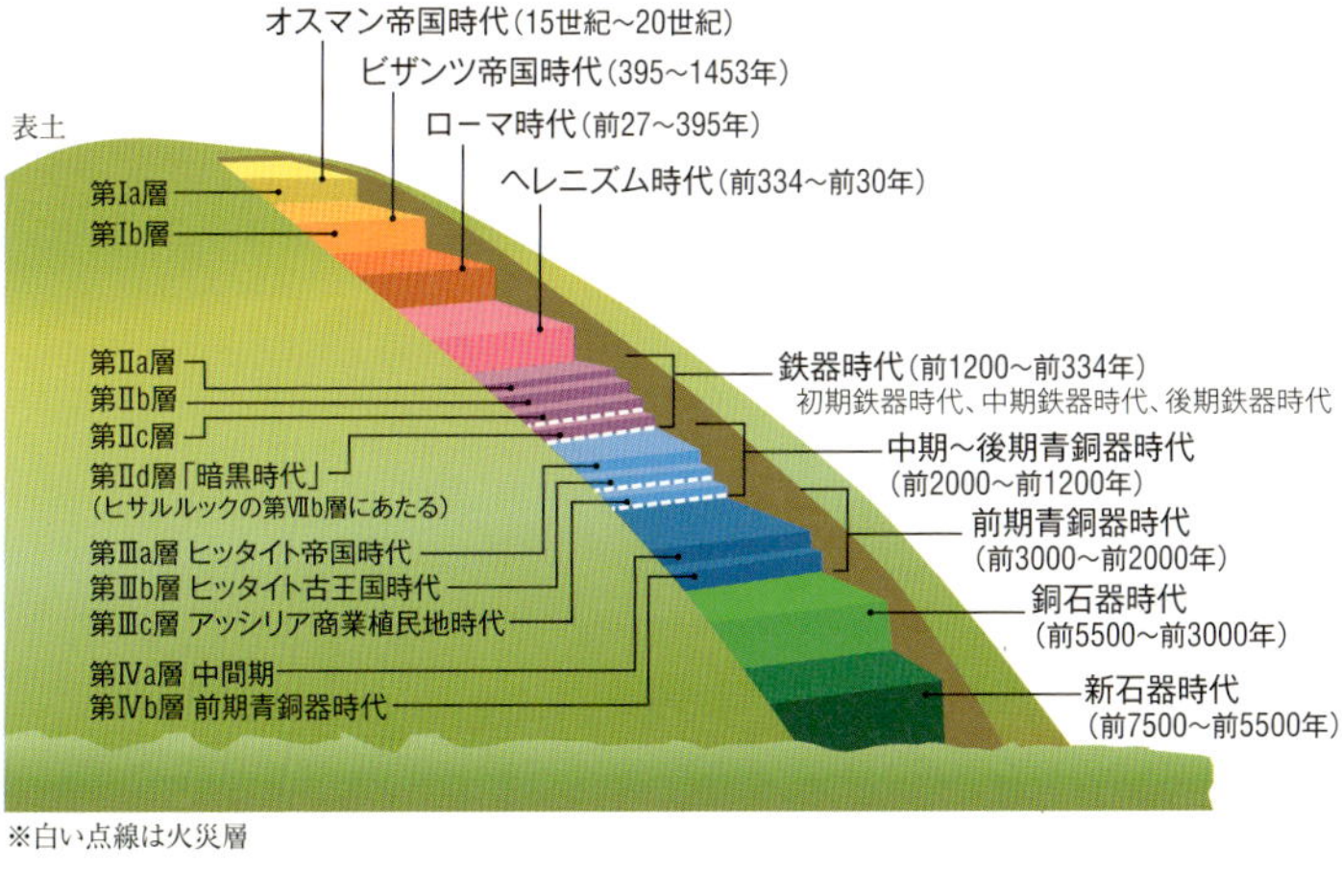

※白い点線は火災層

得たとでもいうのだろうか。いつもの顔とはまったくちがうオメールに、少し気圧された感じがした。真剣な目つきだった。

確かに、である。文献学的にはヒサルルックをトロイアと結びつけ、解決したかのようにいう研究者もいる。ただ、よく考えてみると考古学的には、つまりヒサルルックの発掘現場ではひょっとすると何一つわかっていないのではないか。

酔うほどにオメールは饒舌になった。ダーダネルス海峡から吹いてくる風がなんとも心地良かった。

「考古学とはね、サチヒロ。自分で追いつめないとだめだよ。それも自分の手でね。それができないのであれば、発掘現場なんかに立っている意味はない」

強い口調だった。一九七三年、東アナトリアの発掘現場ハラバでも彼は同じようなことをいっていたことを思い出した。決定的なことを誰もいっていないのに、いつの間にかそれが定説化する、同定できていないのに事実として話が進んでしまう、ヒサルルックがそうなっているのではないか。彼はそれをいいたかったのであろう。

カマン・カレホユック遺跡で二十九年発掘をおこなってきたなかで、比較資料としてヒサルルックの出土遺物、文化編年をよく使ってきた。もちろん、ヒサルルックはトロイアとして、私はほとんど信じきっていた。アナトリア考古学を研究するうえでもっとも重要な遺跡の一つで、指標ともなるヒサルルックを、欧米の研究者がいってきたようにトロイアとして、何一つ疑問をもつことなく、私も彼らの考えに追随してきた。

何かを追い求めるときは、他のものは一切捨てて没頭する以外に道はなかなかみつかるものではない。それは当然のことである。ヒサルルックをトロイアとした研究者たちも、何かを真剣に求めていたことは間違いない。

「オメール、そうだね。君のいうとおりだよ。ヒサルルックがトロイアであるか否かを論じるうえではその世界に一度はいりきらないとね」

翌朝、私はチャナックカレ考古学博物館へ行き、オメールに夕食と収蔵庫の遺物をみせてもらったお礼をいって別れを告げた。

このオメールとの再会がなければ、おそらく私はヒサルルックにこれほど夢中にならなかったかもしれない。これまで私はカマン・カレホユック遺跡の調査をおこないながら、つねにデルプフェルト、ブレーゲン、そしてコルフマンが発表したヒサルルックの報告書をそばに置いて研究を進めてきた。だが、オメールとの議論でそれができるかどうかはわからないものの、すでに定説化しているものに対して反論することも大切ではないか、考古学的にもう一度ヒサルルックを考えてみる価値はあるのではないか、そんなことがアンカラへ戻る車中で、私の脳裏をよぎった。

そして、その年もまた私はカマン・カレホユック遺跡の現場に立った。

ヒサルルック第Ⅲ層、第Ⅳ層、第Ⅴ層　1988年にコルフマンが再発掘調査を開始した。その際にブレーゲンが発掘した箇所をクリーニングして精査、再発掘を試みた場所である。ヒサルルックでは第Ⅲ層から第Ⅴ層にかけての文化層は、前2千年紀前半に年代づけられるが、依然として各層間の明確な差異は認められない。1シーズン、遺跡を保護しないと発掘区は草に覆われてしまう。

第二章　層序を理解しない発掘

ヒサルルック遺跡を歩いていると、さまざまな時代の建築遺構がいたる所に露出しており、その複雑さは誰かが解説してくれなければ立ち往生してしまうほどだ。何一つ理解できないままこの遺跡を立ち去るのではないかと思うほど建築遺構は入り組んでいるし、おそらくこの遺跡が「世界遺産」であることにとまどう人もいるかもしれない。

丘状の遺跡は、多くの文化が積み重なっていることもあり、容易に理解できるものでない。ヒサルルックで、強いて一目でわかるものをあげれば、ローマ時代の音楽堂オデオンぐらいなものだ。感動するようなものは他に何一つとしてない。いくつもの時代の石壁がむき出しになっているままであり、その多くは草に覆われている。芭蕉の「夏草や兵《つわもの》どもが夢の跡」をふと思い出してしまう。

独立峰のようなヒサルルック遺跡

ヒサルルックは幾度も掘り返されたこともあり、いたる所に発掘でかき出された土が山積みになっている。遺跡には文化が幾重に積み重なっている。それを上から一つ一つ読んでいけばそれなりに遺跡を理解することはできる。ただ、理解するだけ十分に時間の余裕がある訪問者は少ない。発掘者にとっては重要な建築遺構でも、訪問者に容易に理解してもらえるとは限らない。報告書を読んだところで、我々にはなかなか全体像がみえないのがヒサルルックであろう。

ふとしたことで数十年前に購入したガイドブックを読んだ。それほど期待していなかったが、じつにヒサルルックを丁寧に解説していた。専門的な報告書より、ガイドブックのほうがなかなか要領よく書かれていることがある。このガイドブックには間違いが多々あるものの、遺跡の全体像を簡潔に押さえるうえでは有効だった。もちろん、一番信頼できるのがシュリーマン以降に発掘したデルプフェルト、ブレーゲン、そしてコルフマンの報告書である。

ヒサルルックの規模についてガイドブックによって違いはあるが、このガイドによると、東西約二四〇メートル、南北約一八〇メートル、高さが二五メートルとあった。ヒサルルック程度の遺跡はアナトリアでは中規模で、決して大きいほうではない。カマン・カレホユックよりひとまわり小さい。

ガイドブックのなかにはヒサルルックを含む大まかな地形図が掲載されていた。それをみると北斜面が急傾斜となっており、南、南東斜面はゆるやかである。そして遺跡は東から西へと舌状に延びるゆるやかな丘陵地の北端に位置していることになる。この遺跡は遠方からは台形にみえるし、ダーダネルス海峡側から眺めると台地上にのっていることもあって実際の高さよりかなりそびえてみえる。さらに、シュリーマンなどによってかき出された土が遺跡の裾を覆っていることから、遺跡は予想していたより大きくみえる。

ヒサルルック遺跡のあるチャナックカレ地方では、一九八〇年代半ばから九〇年代初頭にかけていくつかの遺跡踏査がおこなわれた。それらの調査では白地図に遺跡を載せていくのが一つの作業である。踏査の概報を読む限り、中央アナトリアに比較して丘状の遺跡が極端に少ないことに気づく。

ヒサルルック周辺に丘状の遺跡がいくつかあるにはあるが、その多くはトゥミュルス、つまり墳墓である。墳墓は、石積み、あるいは土を積みあげたものであり、どこからでも目にはいる場所に置かれているのが一般的である。また、ヒサルルックは、ダーダネルス海峡に続く平原に独立峰のように構えた遺丘でもあり、海峡側の平原のどこからでもみえる場所に位置している。こうしたことからも、ヒサルルックに対してシュリーマンのみが興味をもったのではなく、十八世紀、十九世紀の多くの旅行者の目にもとまった遺跡であったことは間違いない。

ヒサルルックが人々を惹きつけるわけ

なぜここまで、この遺跡が世界の人々を惹きつけてきたのだろうか。

そこには少なくともシュリーマンの発掘物語があったことはいうまでもない。彼は、ホメロス

ヒサルルック第Ⅵ層の城塞　ヒサルルックの建築遺構のなかでも、後期青銅器時代後半の第Ⅵ層の城塞は残存の良好な建築遺構の一つである。この城塞には五つの門があり、ブロック石を傾斜に合わせて約4〜5メートル積みあげ、その上に日干し煉瓦を積み重ねていた。城塞内の外部への圧力を軽減するために、約10メートル間隔で突出した石壁が確認されている。この建築技法は、ヒッタイト帝国の都ハットゥシャの城塞(177ページの写真)にも使われている。城塞の下に立つ左がオメール、右が著者。

ヒサルルック第Ⅵ層の城塞　第Ⅵ層の都市は、ヒサルルックのなかでもっとも繁栄した時期であり、コルフマンのいう「高度なトロイア文化」を持ち合わせた時代の城塞である。これが築かれる際には、それ以前の第Ⅲ～Ⅴ層の都市の建築遺構が破壊されたことは十分にうかがわれる。砂岩製の平らな石を城内へ傾斜をもたせるかたちで積みあげており、上部構造を形成していた日干し煉瓦が、Ⅶ～Ⅸ層などで建築資材として再利用された可能性は高い。第Ⅵ層の城塞の右側にみえるのが第Ⅷ層のアテナイ神殿の外壁である。

（前七五〇～前七〇〇年頃）の叙事詩『イリアス』に記されていたギリシア軍とトロイア軍が激しく刃を交えたトロイア戦争（前一二五〇年頃）がこのヒサルルックで起こったと信じ、それまで築きあげた財産のすべてを使い、後半生をトロイア発見に捧げた。それが多くの人々をヒサルルックに惹きつけた第一の理由であろう。

一八七三年、シュリーマンがヒサルルックを掘り、彼なりのトロイアを発見した頃のヨーロッパでは、トロイア戦争を題材とした『イリアス』は架空の話であり、ギリシアの神々の世界を描いた叙事詩として理解されていた。そこにシュリーマンがトロイア戦争は実際にあった戦争であり、その舞台がヒサルルックであると発表したのだから驚愕と賞賛をもって迎えられたことは当然のことであった。これがいまだに多くの人々をヒサルルックに惹きつけている第二番目の理由であろう。

コルフマンの後継者などによって、いまだにヒサルルックの発掘は続いている。一八七〇年にシュリーマンがヒサルルックで発掘を開始してからなんと一四〇年以上がたっても、なおヨーロッパの発掘者を虜《とりこ》にしてしまう遺跡とは一体何なのだろうか。これまでの発掘者は、いずれもヒサルルックはトロイアであるとの見解を発表しているし、ヒサルルックでトロイア戦争があったことを信じている。それなのになぜ、ヒサルルックを掘り続けるのだろうか。何がそこまで考古学者を夢中にさせているのだろうか。

ヒサルルックの頂上部ではギリシアの植民地の都市の痕跡を残している第Ⅷ層、そしてローマの第Ⅸ層でも使われたアテナイ神殿の礎石をみることができる。その直下には数多くの都市が眠っている。それを一つずつはずすことが発掘者の作業である。それも丁寧にはずさなければ遺跡は発掘者に何一つ語ってくれない。ものいわぬ遺物、建築遺構に何かを語らせることができるかどうかは、発掘者の熱意と姿勢にかかっている。漫然と掘っていたのでは何一つ応えてくれないし、いつまでたってもものいわぬ遺物であり、遺構で終わってしまう。

ヒサルルックの遺跡には、シュリーマン、デルプフェルト、ブレーゲンなどの発掘によってもう掘る場所がほとんど残されていない。そのなかで格闘する発掘者は確固たる目的意識をもっていない限り、新発見は極めて難しい。とくに、最近までヒサルルックの発掘調査を指揮していたコルフマンの発掘作業を何度かみながら、私はそう思った。

彼の報告を読んでも、本当のところなぜシュリーマン以来四度目の発掘に取りかかったのかが、オメールがいうように私にも理解できなかった。発掘する前に、ヒサルルックは徹底的に掘り尽くされた遺跡であったことを、コルフマンは十分に知っていたはずだ。彼はヒサルルックが間違いなくトロイアであることも信じきっていたはずである。それなのにヒサルルックの発掘に夢中になったコルフマンを、私はまったく理解できなかった。今でもヒサルルックには、彼を動かしただけの何かを秘めているのだろうか。

〈右〉第Ⅷ層のアテナイ神殿円柱　第Ⅷ層のギリシア時代のアテナイ神殿には34本の円柱があったが、そのいずれも当時の姿をまったく止めていない。その多くは、オスマン帝国、ビザンツ時代に建築資材として運び去られたものと思われる。ヒサルルックの頂上部、遺丘の南裾部には第Ⅷ層のアテナイ神殿の円柱、梁(はり)などが無造作に置かれている。

〈下〉第Ⅷ層のアテナイ神殿の建築遺構　アテナイ神殿のかなりの数の建築資材が散乱した状態で通路の両サイドに置かれている。シュリーマンが発掘する前に、カルヴァートが神殿の一部を掘っている。このアテナイ神殿が建設される際に、遺丘の中心部を占め、デルプフェルト、ブレーゲン、そしてコルフマンがいうところのトロイア戦争の舞台であったとする第Ⅶ層、第Ⅵ層などの建築遺構の多くが取りはずされた。

〈左〉第Ⅷ層のアテナイ神殿の大理石の建築資材　アテナイ神殿は、ヒサルルックに第Ⅷ層のギリシア植民地が置かれた際に建築されたが、その神殿は第Ⅸ層のローマ時代にまで使用された。遺丘の南裾部に散らばったかたちで置かれている大理石の建築資材は、アテナイ神殿からのものとコルフマンが確認した第Ⅹ層のビザンツ時代の建築遺構のものも含まれている。この奥が『イリアス』に出てくるスカイア門とされている。

陶器片に刻印されたアテナイ神殿　アテナイ神殿は当時の貨幣、陶器などにモチーフとして取りあげられている場合が多々みられる。ヒサルルックで確認されている第Ⅷ層のアテナイ神殿の礎石から神殿のプランの全容は把握することができるし、上部構造などは刻印された神殿のモチーフからも復元が可能である。

アクルガル先生との会話

トルコの古典考古学の第一人者で、数多くの業績を残したアンカラ大学の古典考古学科主任教授、エクレム・アクルガル先生とトロイアについて話したことがあった。先生のご自宅は、アンカラのチャンカヤという高級住宅街の一角にあった。何度か先生宅を訪ねた。先生が学生である私に対しても、つねにじつに紳士的な受け答えをしてくださったことを忘れることができない。それが私に残っている先生に対する一番の印象である。

アクルガル先生はトルコ共和国建国の父ムスタファ・ケマル・アタチュルクの西欧化政策によってドイツに留学、帰国後アンカラ大学で教鞭をとった、アナトリア考古学界のエリート中のエリートであった。先生の書斎の書棚にはびっしりと考古学の専門書が並んでいた。最初に訪ねたのは四十年ほど前で、大学でまだ教鞭をとっておられた頃である。アンカラ大学のどの教授にも、なかなか近寄りがたい雰囲気がある。アクルガル先生にもそのようなところはあった。今になって思えば、私が日本人ということで気軽に受け入れてくださったのではないかと思う。

先生の著書『トルコにおける古代文明と遺跡』（*Ancient Civilizations and Ruins in Turkey*）のなかでいくつかどうしてもお尋ねしたい箇所があった。これは先生がじつに読みやすく書かれたものので、今でも容易に入手できる。先生はそのなかでトロイアについてかなり詳しく説明をしていたものの、ヒサルルック遺跡がトロイアであるとする根拠があまり示されていなかった。笑われることを覚悟して先生にそのことをお聞きした。

「アクルガル先生、ヒサルルック遺跡がトロイアであるとする根拠はあまり明確にお書きになっておられませんが、何か明白な根拠はあるとお考えですか」

不躾な質問とは思ったが、一度先生にお聞きしたいと思っていたことだった。「この書は入門書のつもりで書いたもので、その点については触れませんでした」という答えが返ってくるのではないかと思った。しかし、先生は天井をじっとみつめながら思いがけない言葉を発した。

「シュリーマンは常軌を逸していたに違いない。そうでもなければ叙事詩などを信じてヒサルルックを掘るはずもない。とにかく奴には異常なところがあったとしかいいようがないね。ヒサルルックをトロイアだとする決定的な根拠は正直なところ何一つないと思う」

「文化編年」構築は金字塔

続けて先生は、つぎのことをおっしゃった。

「確かにシュリーマンの掘り方は素人そのものだった。彼がヒサルルックでやったことは今では誰一人として認めている者などいない。ただね、一つだけいえることがある。シュリーマンの後継者であるデルプフェルトと共同でつくりあげたヒサルルックの文化編年、これはすばらしいと思うよ。アナトリア考古学の基礎を築いたといっても過言ではないね。つまり、彼らが構築したヒサルルックの文化編年だけは、アナトリア考古学に燦然と輝く金字塔ともいえるね」

さらに先生は、立て板に水のごとくシュリーマンについて話しはじめた。

「シュリーマン、デルプフェルトの発掘は、アナトリア考古学にいくつもの問題点を提起したし、それを追うかたちで私も含めて多くの研究者が発掘、調査をやってきたようなものなんだ。それを考えるとシュリーマンがヒサルルックをトロイアだと思い込んで発掘した以上に、その副産物のほうに魅力を強く感じてしまうね」

確かにそうである。ホメロスの叙事詩『イリアス』のトロイア戦争は、後期青銅器時代末にギリシアとトロイアとのあいだに起きた戦争だといわれている。もしヒサルルックがトロイアだとすると、遺跡のなかでも後期青銅器時代の都市が、トロイアの可能性はある。シュリーマンは発掘を間違ったために、彼の考えていたトロイアを最終的には探し出すことができなかった。

しかし、それでもアクルガル先生がおっしゃるように、シュリーマンが熱に浮かされるようにヒサルルックにトロイアを探し出そうとする過程で、デルプフェルトという新進気鋭の若手建築家と出会い、確固たるヒサルルックの「文化編年」を構築し、それがその後のアナトリア考古学研究に一つの大きな道しるべとなったことは、シュリーマンにとっても大きな成果といえるのではないか。

第Ⅷ層のアテナイ神殿の梁(はり)の一部　アテナイ神殿の円柱のほかに、神殿の上部構造には大理石の梁が利用されていた。梁にはロータスなどの植物文様が施されていた。そのような建築資材がいたるところに転がっており、それらをみながらヒサルルックをまわっていると、いかに多くの文化がこの遺丘に眠っているかがわかる。

帰りぎわにアクルガル先生は、おっしゃった。
「サチヒロ、シュリーマンのような生き方は簡単ではない。彼の発掘には間違いがいっぱいあった。それでも発掘に対してのあのひた向きな姿勢は、君らも学ぶべきところがたくさんあると思うね。彼の発掘をとやかくいっても誰もまねのできるものではない」

ヒサルルックのどの層がトロイアであるのか、ヒサルルックの町は誰によって攻撃を受けたのか、「海の民」なのか、それともトロイア崩壊ののちにヒサルルックに続く「暗黒時代」の文化を形成した民族が攻撃したとでもいうのか（後述）。これらはいまだにアナトリア考古学では討論の対象となっているものだ。よく考えてみると、シュリーマンにしてもデルプフェルトにしても、じつに大きな宿題を我々に残していってくれたものである。

私が中央アナトリアのカマン・カレホユックの遺跡で二十九年間「文化編年」の構築をおこなってきた背景の一つに、ヒサルルックがあり、シュリーマンのトロイアがあった。そして、デルプフェルト、ブレーゲンが構築した「文化編年」をつねに一つの指標として使いながら、発掘を続けてきたことだけは間違いない。

出土状況を正確に記載するのが基本

シュリーマンの発掘に対して、異議を唱える研究者のなかには遺物の出土場所をあげる者がいる。出土層位が明確でないとするものである。それは確かにいえる。とくに、「プリアモスの財宝」の遺物は、どこからみつかったのかはいまだに明確になっていない。それはシュリーマンが発掘にはまったくの素人であったことを如実に物語っている。

発掘で出土した遺物がどの層位から出土したかを記載しておくことは、発掘の基本中の基本である。これをきっちりと記載しているかどうかが、出土遺物の年代を決めるうえでも重要な意味をもってくる。発掘調査では、自分が予想していない層でまったく考えられない遺物が出土するときも多々ある。それを忠実に記載しておくことは言葉のうえでは容易であるが、なかなかそのとおりにはいかない。

カマン・カレホユック遺跡の取材をした日本のジャーナリストがいた。ほぼ二週間の取材が終わり、帰りぎわに私にいった言葉は今もって忘れることができない。

「大村さん、考古学の発掘というのは自分に対して徹底的に誠実でないとだめなんですね。誰もみていない遺跡で、自分の考えとは違う場所から予想とはまったく違う遺物がみつかったとしても、それをそのまま報告しておかなければならないわけですよね。考えている理論に不都合であれば遺物を捨てても誰もみていないのですから、誰にもわからない」

さらに続けていったことは、研究の真髄を突いているような気がした。

「考古学とは、莫大な数の遺物を淡々と整理し、自分で理論を立てるうえで必要なものを拾い

第Ⅱ層の石畳傾斜路　1873年、シュリーマンがおこなった第3回目の発掘調査でこの傾斜路は確認されている。そして彼はこの傾斜路に続くかたちでみつかった門を、『イリアス』に出てくるスカイア門であると断定した。また、この傾斜路を登り切ったところにプリアモスの宮殿があったと発表している。しかし、それがあまりにも粗末なものであり、宮殿とするシュリーマンの説は、多くの研究者から批判を受けた。その後彼は「宮殿」を取り除いている。この傾斜路の左側でシュリーマンは、左側にある城塞の崩落した瓦礫(がれき)のそばから「プリアモスの財宝」を発見したといわれる。

あげていく。そして残った遺物を丁寧に整理しておく。ものすごく時間がかかるんですね。無駄なほどの時間と費用を使っているような感じもしますが、それがなければ理論はできあがらないんでしょうね」

それはその通りである。ただ、やはり人生には時間の限りがある。自分に必要なものだけを取り扱って世に出したいと思うのが、多くの研究者の気持ちではないか。自分の関心にのみ走ってしまうのが研究者なのではないか。

必要なものだけ、つまり理論を打ち立てるための遺物だけを集めていくのであれば、ある意味では容易である。じつに簡単なことだ。しかし、はずされた遺物はどうなるのか。それらのなかにもまったく別の理論を構築するうえで必要な資料が数多く眠っているはずである。たまたま自分の仮説の根拠には必要ないだけであって、他の理論をつくりあげるうえでは欠かすことのできない遺物なのかもしれない。

考古学の発掘調査では、検出された遺物、遺構をそのまま事実を記載することが我々に課せられた第一の仕事であり、それをどれだけ正確に残しておくかが、もっとも重要なことである。これを手抜きしてしまうと、ある意味では不安定な理論を立てることになる。

シュリーマンがヒサルルックを発掘するうえで、それなりの準備をしたことは『古代への情熱』のなかにも記されている。ただ、彼の発掘技術はきっちりとした発掘現場で長期間にわたってトレーニングを受けたものではなかった。シュリーマンは、発掘で遺物がどこで出土したかを詳細に記述していなかった節がある。シュリーマンは出土遺物のスケッチをすることに重点を置いていたようだ。つまり、その点からいえば、シュリーマンは考古学の基本である文化がどのように堆積しているのか、つまり層序に関してはまったく無知だったといわざるをえない。ヒサルルックの層序をきっちり理解しないまま発掘を続けていたといえよう。このことでシュリーマンは、最終的にトロイアの発見に大きな間違いを起こしてしまうことになる。

シュリーマンが発掘の仕方をいったいどの程度知っていたかは知るすべもない。ただ、シュリーマンのヒサルルックの発掘報告を読む限り、素人の域を出ていたとはいえない。彼が発掘に対していかに目的をしっかりもっていたとしても、当時としても批判されるだけのことはあったような気がする。

シュリーマンと学術発掘調査

一般的にアナトリア考古学の発掘調査は大きく分けて三つのカテゴリーがある。例をあげて示してみよう。

一つは大きな開発にともなう緊急発掘調査である。そのおもなものは一九六八年に東アナトリアのエラズーで開始したケバン・プロジェクトであろう。これはユーフラテス河を塞《せ》き止めてダ

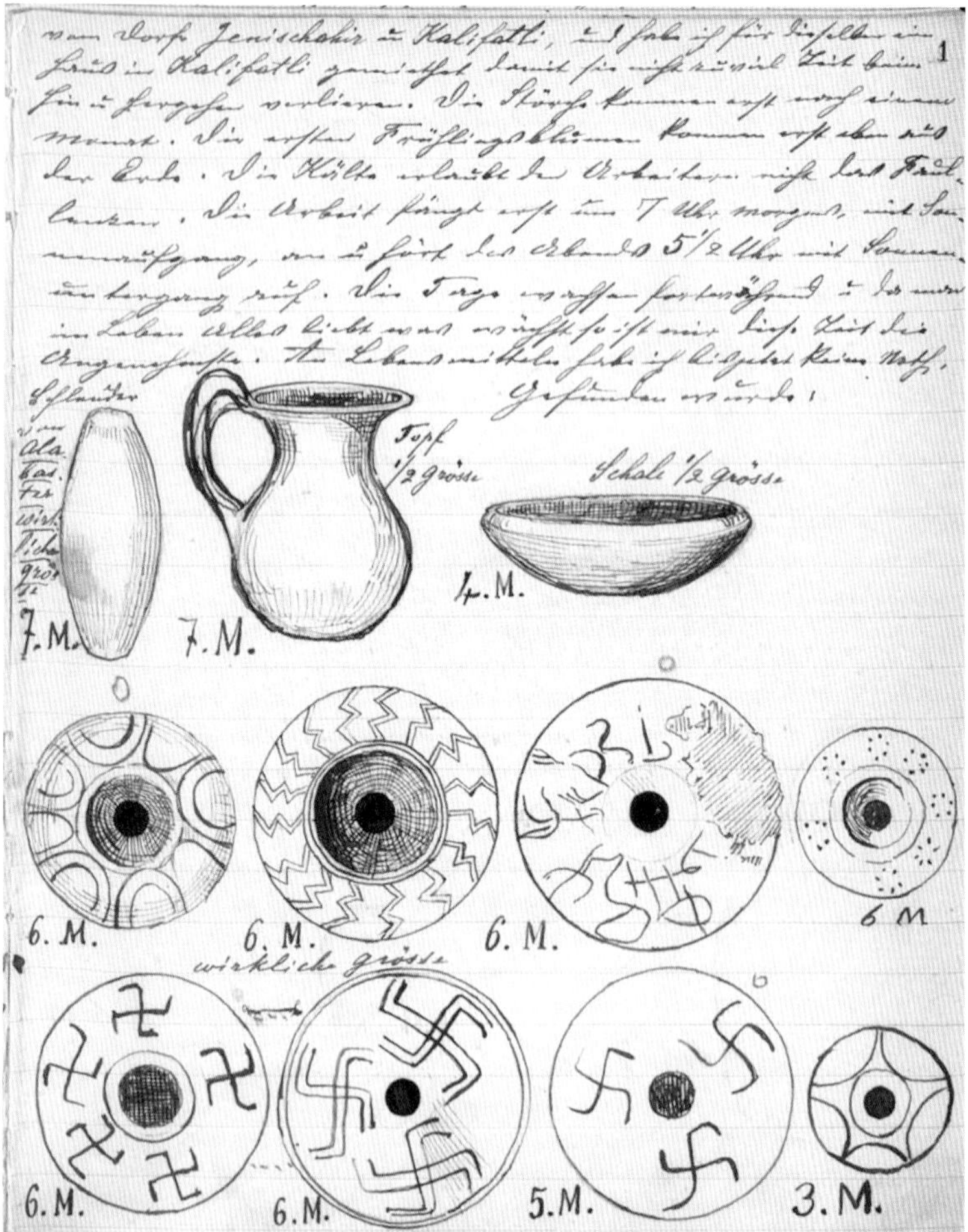

シュリーマンが描いたヒサルルック出土遺物　シュリーマンは出土遺物の図面を自分で描いている。それらの多くは実測したものではないものの、土器の特徴をなかなかうまく捉えているといえよう。ただ、人形の蓋をもつ土器などは、かなりの誇張もみられる。数多く出土した土製の紡錘車の表面には、丸い穴と「鉤(かぎ)十字」の印が刻まれていた。

ムを建設する計画に対して、その人工湖に水没する遺跡を救済することを目的とするトルコの考古学界にとっては一大プロジェクトであった。その後、東アナトリアの開発にともない、ユーフラテス河、チグリス河につぎつぎと国家事業としてダムが建設され、さかんに大形の緊急発掘調査がおこなわれるようになった。最近では、イスタンブルの地下鉄工事で確認された、ビザンツ時代を中心とした遺構の緊急発掘調査がおこなわれている。

トルコにおける緊急発掘調査は、トルコの経済発展とともに急増しており、遺跡保存の問題が急浮上している。とくに大都市でのこの調査は、開発と保存の狭間で多くの問題を抱えている。

二つ目は、トルコでいうところの、博物館による小規模の緊急発掘調査である。盗掘、あるいは小さな建設工事中に偶然みつかった遺跡を短期間で調査をおこなうものである。この類《たぐい》の発掘調査はかなり多い。この発掘作業を担っているのが地方博物館である。トルコの地方博物館には大学で考古学を専攻した学芸員が配置されているものの、十分なトレーニングを受けた者は少ない。それと同時にこれらの緊急発掘調査はいつでもありうることであり、地方博物館の財政に重くのしかかっているのが現状である。

それともう一つが学術発掘調査である。二〇一二年の段階では、学術発掘調査は外国の研究機関によるものが四十四、トルコの研究機関によるものが六十を数えている。

トルコにおける緊急発掘調査と学術発掘調査の大きな差異は、日本と同様、発掘前に調査目的をもつか否かにかかわっている。簡単にいえば、緊急発掘調査では発掘調査目的云々よりも、建設工事を優先する傾向が極めて強い。それに対して学術発掘調査では、明確な調査目的を最優先する。学術発掘調査をおこなううえでは、トルコの文化・観光省が最近ではかなり厳しい審査をする。それはトルコで学術発掘調査を希望する欧米、トルコの研究機関が増えていることにも起因しているようだ。

この審査の際に、トルコ側がもっとも目を配るのは調査目的である。なぜ、発掘調査をおこなうのかをトルコ側から何度も問い合わせられることがある。トルコ側としても学術発掘調査は基本的には、少なくとも十年以上の長期にわたって発掘することを求める。腰をすえた発掘しか意味がないと考えているようだ。最近では数年で発掘を中止する外国の調査隊もあり、また、発掘の財政基盤がしっかりしていないものも多く、そこが審査対象になりはじめている。

発掘の目的が明確であること、つまり古《いにしえ》のトロイアを探し出すこと、そして発掘をおこなううえでの財政基盤がしっかりしていたことなどを考えると、シュリーマンのヒサルルックの発掘調査は、現在でいうところ学術発掘調査のカテゴリーにはいる。

出土遺物研究の問題点

発掘調査には、それなりのトレーニングが必要であることは既述したとおりである。

一つの遺跡を発掘するにあたっては、出土する遺物を一人の考古学者ですべてを取り扱うことは、まったく不可能である。ホユックと呼ばれる遺丘では一つの文化の遺物が出土するわけではない。いくつもの文化層が眠っているし、おびただしい遺物が顔を出してくる。

それはシュリーマンがねらっていた金製品だけではない。どちらかというと、丘状の遺跡は、生活の場であった。そのような場所からは金製品はめったに出土することはない。おもに、土器、獣骨、人骨、青銅製品、鉄製品、銀製品、土製品、石製品、ガラス製品、印章、印影、粘土板、種、炭化物など、日常の生活に関わるものが中心であり、それは驚くほど多岐にわたっている。そのほかにも建築遺構などが顔を出してくる。いかに優秀でも、一人の考古学者が扱える量ではない。

それと発掘のもう一つの大きな問題は、出土遺物の整理と保存だろう。一シーズンに二カ月の発掘をおこなうと、土器片、獣骨などを含めると、少なくとも五十万点の遺物が出土する。多いと優に百万点を超すときもある。ましてや発掘した土をフルイにかけると、その数はさらに増加する。その数えきれない遺物を整理し、保管するとなると、これはまた大仕事である。

発掘者は、自分に関心のある遺物、建築遺構に集中し、他の遺物にはあまり興味を示さない場合が多い。自分が抱いている問題点を解明するための発掘をすることが多々ある。簡潔にいえば、一つの論を組み立てるための資料を探し出そうとすることである。その点からみれば、シュリーマンもこの部類の発掘者にはいるといえよう。

出土遺物の多くは、破損されたかたちでみつかる。発掘者はそれらの修復にもあたらなければならない。トルコの現在の文化財保護法では、発掘者は、出土したすべての遺物を発掘地に一番近い博物館に納めることが義務づけられている。もちろん、納める前に破損している遺物は修復しなければならない。しかし、チャナックカレ考古学博物館の収蔵庫をみる限りでは、ヒサルルックから出土している最近の出土遺物の多くは、修復されないままになっていた。

これは何もチャナックカレ考古学博物館だけの問題ではなく、他の博物館でも同じようなことがいえよう。発掘した遺物のすべてを博物館の収蔵庫に納めるのは正しいとは思うが、それを管理するだけの能力が博物館にあるのかとなると大いに疑問が残る。外国の研究機関は、出土遺物を博物館の収蔵庫に納め、あとは野となれ山となれというのが現状で、納めたあとも修復、保存に力を入れているところは極めて少ない。修復などの専門家のいない博物館に納め、あとは関心を示さないのは発掘者としてなんとも無責任なことではないかと思う。これも是正しなければならない大きな問題であろう。

出土遺物を研究するうえでも多くの専門家が集まり、チームを構成しなければそれ相応の成果は生まれない。とくに、今日の考古学における発掘調査では、その体制ができていてもなかなか成果をあげることができずに、発掘現場に立ちすくむことがしばしばある。それほど遺跡からはつぎつぎと新たなる問題点が浮上してくるし、発掘者に問いかけてくるのである。

第三章　**シュリーマンの世界**

なぜ、シュリーマンがヒサルルックを発掘したのか。この簡潔な問いは、いまだにシュリーマン研究ではよく取り扱われるテーマだ。シュリーマンにはそれほど発掘するための決定的な理由がなかったのではないか、という研究者もいる。また、ある研究者は、シュリーマンが実業の世界から離れたあとに何もやることがなく、なんとなく考古学の発掘の世界にはいったではないか、ともいう。もっとも辛辣なのは、ヒサルルックを発掘した目的は、明らかに黄金財宝を探し出すためだったとする者もいる。

しかし、それは『古代への情熱』を読む限り、そしてそれをそのまま信じるのであれば、いずれも間違っている。シュリーマンはヒサルルックを掘る前に、明確な目的意識をもっていたことを忘れてはならない。それがいかにつくり話だといわれたとしても、それを証明できない限り、ヒサルルックがトロイアだとして発掘を開始したと記した『古代への情熱』の第一章を信じる以外ない。この事実だけはなんら変わることはない。つまり、シュリーマンの発掘は、トロイアを探し出すことが主目的であった。

目的にまっしぐらの発掘

彼は目的もなくヒサルルックにはいったわけではなかった。ヒサルルックのなかには間違いなく古《いにしえ》の町、トロイアが眠っているとシュリーマンは信じ切っていたのである。そのトロイアを探し出すことが、シュリーマンの夢でもあった。その点からみれば、すでに述べたように彼の発掘は、今でいうところの緊急発掘調査でもなく、行政発掘調査でもなく、学術発掘調査そのものだったのである。

シュリーマンが目的としたトロイアの発見の経緯は、『古代への情熱』のなかに詳細に記載されている。この自伝は、シュリーマンがすべてを書いたのではない。その多くは彼の死後に書かれたもので、第一章のみがシュリーマンの手によるものである。第二章から第七章は、伝記作家のアルフレッド・ブリュックナーがシュリーマンの妻、ソフィア・シュリーマンの依頼で著したものだ。

第一章は、一八八〇年、シュリーマンが著した報告書『イリオス』（*Ilios, the City and Country of the Trojans*）の記述を、ブリュックナーがそのまま転用したものだ。発掘調査報告書のなかに「自叙伝」的文章を載せること自体、極めて異例といえば異例である。これは、シュリーマンの強い希望で組み入れられたといわれている。そのなかでは、なぜシュリーマンがトロイアを一生涯をかけて探し出そうとしたかが、克明に記されている。

一八七〇年代、シュリーマンがヒサルルックを発掘し、彼なりのトロイアを探し出したことに対して、当時のヨーロッパでは懐疑と嫉妬が渦巻いていた。報告書『イリオス』のなかで、ヒサルルックで発掘を開始したのは昨日今日考えたことではなく、八歳のときに父親と約束したことであり、それを具現化することが自分にとって大きな夢であったことを伝えることによって、当時のヨーッロパで蔓延していたシュリーマンに対する懐疑と嫉妬を一気にはねのけようとしたのである。

シュリーマン批判のなかには、この第一章だけを取り上げ、シュリーマンの幼少の頃の夢を叶えるためだったとすることに対して、それはシュリーマンの単なるつくり話だとする者さえいるし、この点にこだわりつづけている者もいる。しかし、それを論じたところで一体そこから何が生まれるというのだろうか。とやかくいっても、シュリーマンがヒサルルックを発掘し、そして彼なりのトロイアを発見したことだけは事実なのである。机上でいかにシュリーマンの動機を論じたところで、目的にまっしぐらに進んでいったことだけはまぎれもない事実であった。

シュリーマンに対するこのような批判に対して、トルコの考古学界の第一人者であったT・オズギュッチは、「そこまで彼を批判するのならシュリーマンがやったことを一度でもいいからやってみればいい。机上ではなんとでもいえる」とよくいっていたことを思いだす。また、アメリソフィア・シュリーマン　1873年、シュリーマンは「プリアモスの財宝」を発見した。彼の妻であるソフィアは、身につけているショールに「財宝」を包み込み手伝ったといわれる。取り上げた財宝は、ギリシアへ運ばれた。この写真は、それらを身につけたソフィア・シュリーマンである。「プリアモスの財宝」は、発見されたのち、ギリシア、ドイツ、そして現在は、モスクワのプーシキン美術館へと収蔵先がつぎつぎと変わっている。

〈上〉ハインリッヒ・シュリーマン　アテネにあるシュリーマンの邸宅には、たくさんの肖像画が壁面にかけられている。その多くはシュリーマンが商いに成功したのちに描かれたものであり、どことなく成り上がりものの雰囲気が、なきにしもあらずである。しかし、この写真だけはヒサルルックで発掘調査をおこなっていた考古学者としてのシュリーマンがよくあらわれている。

〈下〉シュリーマンの生家　水彩によって描かれた北ドイツのシュリーマンの生家。この頃から彼はトロイアの発見を夢見ていたといわれる。

カの考古学者M・メリンクが、生前中、アンカラで開催されたシンポジウムの際に、「そんなことをどうでもいいことです。ヒサルルックをトロイアだと信じてシュリーマンが発掘したことだけは、誰がなんといおうと間違っていないのです」、と話していたことを思い出す。つまり、生粋の発掘者であり、フィールドを一生涯駆け巡ったオズギュッチにしてもメリンクにしてもシュリーマンのような命がけの発掘を今の研究者はできるのか、と問いかけたかったのであろう。メリンク自身もコルフマンがヒサルルックの再発掘をした際には、メンバーとして名前を連らね、何度も発掘現場を訪ねている。この二人には、シュリーマンの業績に対していまだに根強くあるシュリーマン批判に、つまらないことをいうよりフィールドにでてきて実際にやってみればいいではないか、というフィールドワーカーとしての意地のようなものを強く感じる。

一八七九年にヒサルルックの発掘を終え、その翌年にシュリーマンは報告書『イリオス』を発表している。五年間おこなった発掘の報告を発掘終了の翌年に発表するのは、ある意味では離《はな》れ業《わざ》である。どんなに急いだところで、ふつうは数年はかかる。それを数カ月で完了したところにシュリーマンの非凡さをみることができよう。

幼少時代の関心のありか

シュリーマンは『古代への情熱』のなかで、つぎのような逸話を書いている。

「銀の小皿」といわれる小さな沼があったが、そこには真夜中に若い女の幽霊が銀の皿をもって出るということだった。そのほかに、村には堀をめぐらした小丘があって、その丘にはおそらくキリスト教時代以前の墳墓、いわゆる巨人の墓がみられた。この墓は伝説によると、ある老盗賊武士が彼の愛人の子を金のゆりかごに入れて、そのなかに葬ったとのことであった。(『古代への情熱』)

そしてもう一つの昔話をあげている。

近くのルームスハーゲンの土地の持ち主であるフォン・グントラハ氏が村の教会付近の丘を発掘して、そこから古代ローマ時代の非常に強いビールのはいった大きな木製だるをみつけた、といううわさ話もいちずに信じていた。(『古代への情熱』)

このような環境は、シュリーマンの父親が牧師として勤めていた教会の周辺にあり、彼を夢中にさせるだけの伝説が数多くあった。つまり、はるか遠い昔の世界にシュリーマンを引き込むものがいたるところに転がっていたのである。そして、シュリーマンをさらに古代の世界へと招き入れたのは、父親のエルンスト・シュリーマンであった。シュリーマンは、父親についてつぎのように述べている。

私の父は言語学者でも考古学者でもなかったが、古代史にたいしては熱情的な興味をもっていた。父はしばしば私にヘルクラヌムやポンペイの悲劇的な没落をひどく興奮して話してくれたものだ。彼は、そこで行なわれた発掘を見物するのに十分な時間と金銭《かね》をもつ人こそは、もっとも幸福な人間だと思っていたようである。父はまたしばしば私にホメロスの英雄の働きやトロヤ戦役のできごとを歎美しながらものがたったが、その時にはいつも私はトロヤの事柄の熱心な弁護者であった。私は父からトロヤはまったく破壊されて、跡形もなく地上から消えうせたことを悲しく聞いていた。（『古代への情熱』）

おそらくシュリーマンは、父親からたびたびそのような話を聞いていたのであろう。そして彼が八歳のときに一生涯を決める一冊の本に出会うことになる。冒頭で述べた父親からクリスマスのプレゼントとして贈られたイェッラー著の『子どものための世界歴史』である。そして自叙伝には、将来トロイアを探し出そうとする目的が見事に描かれている。

シュリーマンは、父親から贈られた本のなかに描かれている挿絵にとりわけ興味をもった。その挿絵には、トロイアの巨大な城壁やスカイア門があり、父のアンキセスを背負い、幼いアスカ

〈右〉シュリーマンの邸宅、イリウ・メラトロン（イリオン宮殿）　ギリシアのアテネにあるシュリーマンの邸宅。シュリーマンの偉業を讃え、邸宅は「イリオン（トロイア）宮殿」とも呼ばれている。ドイツ人建築家、E・ツィラーによって設計、1880年に完成した。「プリアモスの財宝」をヒサルルックで発見した8年後、シュリーマンの絶頂期に完成した建物である。2階はシュリーマンの家族の居間、1階はヘスペリデスホールと呼ばれ、客人を招いた際のサロンとして使用されていた。邸内のいたる所にシュリーマンがヒサルルック、ミケーネで発掘した遺物が数多く展示されていたという。現在は、国立貨幣博物館となっていて、ローマ、ビザンツ時代などのコイン、鉛製印影、錘（おもり）など50万点を超す遺物が収容されている。

〈左〉E・ツィラーの肖像画　シュリーマンの邸宅を設計したドイツの建築家。ツィラーはトロイアを探すために、チャナックカレのプナルバシュも訪ねている（113ページ）。彼は国立劇場など多くの建築物をアテネに残した。

シュリーマンの廟　シュリーマンは、1891年2月26日、旅先のナポリで急逝、葬儀はアテネで執りおこなわれた。遺体はデルプフェルトらによってアテネに運んだという。そして、E・ツィラーが、ギリシアの神殿を模して設計した廟に埋葬された。シュリーマン邸の南約1.5キロのアテネの第一墓地にある。

ニアとともに正しくトロイアを離れようとしアイネイアスが描かれていた。スカイア門はトロイアの城塞にある門の一つである。その挿絵でスカイア門が猛火に包まれているのである。その火に包まれたスカイア門をくぐり抜け、幼子のアスカニアと一緒に、終焉を迎えようとしているトロイアから抜け出そうとしている。ギリシア軍によってトロイアの城内に火が放たれて大混乱に陥り、トロイアは陥落寸前までのところにきていた。アイネイアスはトロイア軍の猛将であり、王のプリアモスの最期を見届けて町から離れようとしている光景が、この挿絵のなかにはじつに見事に描かれていたのである。

シュリーマンの脳裏に、この挿絵の猛火に包まれたトロイアの城塞が刻み込まれたことは間違いないだろう。つまり、彼はトロイアの城塞のすべてが消失しているわけではなく、その一部は残っているのではないか、そして城内のトロイア王プリアモスの宮殿には目も眩むほどの財宝が眠っているのではないか、と推測したのである。この猛火を受けたとしても間違いなく城塞の一部が残っているはずだとする仮説を、彼はヒサルルックを発掘しながらもちつづけたのである。

この自叙伝を読む限り、シュリーマンは八歳のときにトロイアの発見を試みようと思ったことがうかがわれる。彼の考えでは、トロイアを発見する二つの条件があった。一つは火災を受けた城塞の発見であり、二つ目がプリアモスの宮殿と財宝の発見であった。これらを確認することがトロイア発見につながるとシュリーマンは確信していた。

ホメロスの叙事詩

シュリーマンが追い求めたトロイアが、ダーダネルス海峡のそばに位置することは『イリアス』からもわかっていた。そしてそこには、後期青銅器時代末の前十三世紀、ミケーネ文明を創造したアカイア、つまりギリシアとトロイアのあいだで戦いがあったこともじつに克明に描かれていた。その戦いは、両軍によって十年にもわたって繰り広げられたもので、トロイアの町が陥落する直前の約五十日間が『イリアス』に描かれている。『イリアス』は、後期青銅器時代からホメロスが活躍したといわれる前八世紀まで、連綿と語り伝えられてきた叙事詩をまとめあげたものといわれる。

これまでの通説として、盲目のホメロスは西アナトリアのスミュルナ、現在のイズミル出身といわれている。このスミュルナ以外にも、ホメロスの生誕地としてはエーゲ海の島キオスもあげられているが定かではない。ただ、叙事詩『イリアス』は、イオニア方言が基本となっていることなどから、おそらくホメロスもアナトリアの西海岸に位置するイオニア地方で活躍していた吟遊詩人であり、その地の出身であったものと推測される。また、ローマ時代のホメロスのものと思われる石製の男性頭部がいくつか確認されているが、これはホメロスの叙事詩が、前八世紀からローマ時代までの長きにわたって伝承されてきたことを如実に物語っているといえよう。

シュリーマンの邸宅内　邸宅の壁面、床のモザイクなどにはシュリーマンが発掘したヒサルルック、ミケーネを題材にしたモチーフがふんだんに使われていた。ミケーネ文明を発見し、ヒサルルックを発掘し「プリアモスの財宝」を発見した考古学者が望んだどおりの邸宅となっていた。

シュリーマンの邸宅の玄関ホール　この建物を建設するうえで、建築家のツィラーはギリシア、ローマ建築、イタリア・ルネサンス様式をふんだんに取り入れており、邸宅内の家具なども彼の設計によるものだった。玄関ホールの柱、柱頭からはギリシア、ローマの神殿を模したことがうかがわれる。

ホメロスが大長編の叙事詩『イリアス』、そして『オデュッセイア』の、実際の作者であるのか否かも、いまだに論議の対象となっている。これらの叙事詩は、いずれも二十四巻からなる。これだけの長編の叙事詩を一人の手によって編み出すのは、不可能に近い。『イリアス』は、非の打ちどころのない完成した作品である。今なおヨーロッパで読み継がれているものは、ホメロスの時代にそれまで語り継がれてきたものを、彼自身が集大成し、一つのかたちにしたと考えるのが妥当であろう。

前十三世頃のイオニア地方は、ギリシア本国からはいってきた人々によって植民都市が建設されるようになった時期でもあった。エーゲ海沿岸のディデュマ、エフェス（旧名エフェソス）、プリエネ、ミレトス、ベルガマ（旧名ペルガモン）などの古代都市では、今もって植民都市の往事を偲ばせる建築遺構などを数多くみることができる。前十三世紀とは、後期青銅器時代末であり、約五〇〇年間の長きにわたってヒッタイト帝国とエジプト王国によって東地中海世界のパワーバランスが維持されていた時期が終わり、地中海の盛んな交易にも陰りがみえはじめた時代でもあった。

『イリアス』が描くトロイア戦争

本書のテーマの一つでもあるトロイア戦争は、一説では後期青銅器時代の前十五世紀から前十二世紀に中央アナトリアを本拠地として活躍したヒッタイト帝国の末期に起こったといわれている。歴史の父と呼ばれるヘロドトス（前四八五頃〜前四二五年頃）は、このトロイア戦争を後期青銅器時代末に年代づけている。

『イリアス』では、ギリシア軍の総大将であるミケーネのアガメムノンが大軍を率いてダーダネルス海峡からアナトリアへ上陸、トロイア軍とのあいだで壮絶なる戦いを演じたことになっている。十年にもおよんだトロイア戦争は、古代の英雄とともにギリシアの神々が登場する血湧き肉踊る叙事詩である。そしてそれが長きにわたって史実ではなく、空想の物語であると考えられていた。

トロイア戦争の経緯は、つぎのように物語られている。

トロイアのプリアモス王とヘカベのあいだに生まれたパリスが、王からの命を受けてギリシアのスパルタへと向かう。パリスはトロイアのプリアモス王の平和使節団を引き連れてスパルタへ赴いているが、使節団を送らなければならなかった背景には都市間の抗争があったのではないかと考えられる。しかし、スパルタへ赴いたパリスはスパルタ王の妻であるヘレネと恋に陥ってしまった。そしてパリスはヘレネを連れてトロイアへと帰った。スパルタがそれに怒らずにいるはずもない。ギリシア側はスパルタが中心となって連合艦隊を組み、トロイアへの攻撃を開始する。これはヘレネを奪い返すとともに、トロイアへの復讐戦でもあった。パリスを丁重に迎え入れ

終焉を迎えるトロイア
トロイア落城のテーマは、ヨーロッパの文学、絵画に何度も取りあげられてきた。とくに、トロイアの終焉を悟り、勇将アイネイアスが、父親のアンキセスを背負い、息子と妻のクレウサを引き連れて落ち延びる場面は、今もって多くのヨーロッパの人々を惹きつける何かがあるようだ。シュリーマンがトロイアを探し出そうとした大きな切っ掛けとなった絵画。

たスパルタにすれば、恩を仇で返されたトロイアに対して宣戦布告するのは当然のことだった。十年にわたる戦いのなかで、トロイア側のヘクトルとギリシア側の名将アキレウスとがトロイアの城塞の外側で繰り広げた戦いは、『イリアス』のなかでも名場面の一つであろう。ヘクトルがアキレウスに敗れ去り、ヘクトルの遺体を引き取るためにギリシア側へプリアモス王が赴く姿は、今もって胸に迫るものがある。

その後もギリシアとトロイアの争いは続くが、ギリシア側が策略として城外に置いた木馬が、戦争の風向きを一気に変えてしまった。それが策略だとは思わず、トロイア側はその木馬を城内に運び込んだ。しかし、木馬内に密かに潜んでいたギリシア軍の兵士が深夜になって飛び降り、彼らによって城門が内側から開かれ、ギリシア軍が一気に城内にはいり込んだ。そして堅固なトロイア城はついに陥落したというのである。

このトロイア戦争は、ヒサルルック遺跡をシュリーマンが発掘するまでまったくの架空の話としてとらえられていた。ホメロスの『イリアス』の第二十二歌には神々がギリシア軍、トロイア軍にわかれてそれぞれ加担していることなどから考えても、『イリアス』は神話の世界であると考えられていたのも当然といえば当然であった。

シュリーマンがヒサルルックを発掘した十九世紀のヨーロッパでは、トロイア戦争が実際にあったと信じる者は誰一人としていなかったのである。

第四章　虚構に隠された真実

『古代への情熱』には、シュリーマンが考古学を具体的にいつ学んだかについてはあまり記されていない。シュリーマンが活躍した十九世紀後半には、考古学を教えてくれるところはそれほどなかったはずだ。とくに、発掘の方法論は、その当時まだ確立されていなかったといえる。

十九世紀後半から二十世紀半ばまでのドイツの中近東における発掘調査では、多くの建築家が活躍した。これは出土した建築遺構に重点を置いていたことを物語っており、遺物の出土した場所がどこかなど、今日の考古学ではもっとも重要視する出土層位は二の次だったようだ。シュリーマンのヒサルルックの発掘に影響を与えたのも建築家であった。それから考えると、当時の考古学の発掘調査の主流は建築家が握っていたといっても過言でない。

シュリーマンは、一八六三年、利潤を求める商いの世界から離れ、それとはまったく相反する考古学の世界にはいることになる。

ソルボンヌの聴講生

一八六六年二月一日、彼はソルボンヌの聴講生となり、ここで初めて考古学の世界に触れた。

Painted by T. Stothard R.A. Engraved by Isaac Taylor

Proud on his car thinsulting victor stood.

Book XXII.

ヘクトルの死　トロイア王プリアモスの息子であり勇将のヘクトルと、ギリシアのアキレウスとの戦いは、トロイアの城外で繰り広げられるが、最終的にヘクトルは敗れる。アキレウスはヘクトルを軽戦車に無慚な姿で結わえて引きずりまわす。ギリシアのトロイアへ対する憎しみがいかに深かったかが、アキレウスの行動から読み取ることができよう。ヘクトルの死によってトロイアは最期の近いことを悟る。

プリアモスの息子パリスとヘレネ　前5世紀、4世紀のギリシア陶器には、トロイア戦争をテーマにしたものが数多く描かれている。この陶器にはトロイア戦争の原因になったトロイアのプリアモス王の息子パリス（左）とギリシアのヘレネ（中央）が描かれている。アテネ国立考古学博物館蔵。

トロイア戦争　この陶器にはギリシア軍とトロイア軍との戦いが描かれている。兵士が手に持っているのが、『ホメロス』のなかでも再三述べられている青銅製の武器である。この青銅製武器もシュリーマンにとってトロイアを探しあてるための一つの大きな要素になっていた。アテネ国立考古学博物館蔵。

ここがシュリーマンの生涯にとって重要な転換期となった。ただ、なぜシュリーマンがソルボンヌで考古学を学ぼうとしたのか、明確なことはわかっていない。そしてシュリーマンは、聴講生になったからといってトロイアの発見をことさら叫んでいるわけでもない。

私はアナトリアで発掘を始めて四十三年目になる。考古学の道にはいってから、いつの間にか半世紀が目の前にきている。ここまで発掘調査に浸ってしまった背景には何があったのか、とよく尋ねられることがある。しかし、残念なことに明確な答えをいえたことは一度としてない。発掘調査をこれまで長期間やってきたことは事実だ。何度も自問自答するのだが、納得できる解答がいまだにみつからないでいる。しかし、繰り返し自分に問いかけてみると、自分が幼少の頃、毎日のように発掘といって近所の畑を掘り返しては縄文時代、弥生時代の土器片をみつけ、得意な顔をして両親に、そして学校の先生にもっていったことをぼんやりと覚えている。それが考古学の世界にはいる切っ掛けになったのかもしれないし、そのまま今日まできてしまったというのが本当のところかもしれない。あどけない夢を単純に追い続けたといえばそれまでであるが。

私の体験からすれば、シュリーマンは八歳のときからトロイアに強い関心があったというのだから驚愕である。それは既述したように父親、そして育った環境が強く影響していたことは間違いない。脳裏に幼少時の体験、耳にした伝説が鮮明に刻印され、彼自身の心の奥深くに眠りつづけていたことも想像できる。そしてそれがある日、それも突然ふとしたきっかけで目覚めたのではないかと想像する。そのきっかけは、シュリーマンがパリの考古学界の世界に接触したときではないだろうか。

確かにシュリーマンは、商いのすべてを辞めて東洋の旅をしている。一八六四年から六五年にかけて東洋、そしてアメリカの旅をおこない、一八六七年には『支那と日本』（*La Chine et Japon*）を著した。この著作のなかには、ホメロスもトロイアに関することもまったく顔を出してこない。商いのあとに何かをやってみようと考えていたのかもしれないが、発掘のことは何一つ語られていない。

東洋、アメリカの旅を終えた翌六六年、シュリーマンは聴講生としてソルボンヌに通いはじめた。ただ、なぜ、ソルボンヌの聴講生になったかは『古代への情熱』にはまったく記されていない。実業世界を清算したのちでも、パリにいくつかの不動産を入手しており、商いの世界にどことなく未練が残っていた感はまぬがれない。しかし、パリが、そしてソルボンヌがトロイア発掘への糸口を芽生えさせた場所となったことは間違いないようだ。彼を考古学に夢中にさせたのは、そこでの多くの研究者との交流が背景にあったのではないかと私は推測する。

これはあくまでも私の憶測にすぎないのだが、ソルボンヌで研究の世界に触れたとき、シュリーマンは雷に打たれたようなショックを受けたのではないか。つまり、それまでひたすら正しいと信じてきた利潤のみを求める実業の世界とはまったく価値観の違う世界が、ソルボンヌにあっ

ヒサルルック第Ⅵ層の南門
ヒサルルックの第Ⅵ層には五つの門があった。トロイア戦争の際にギリシア軍がトロイア軍に対して仕掛けた計略は、木馬に代表される。ヒサルルックがトロイアであり、実際にトロイア戦争の舞台であったとすると、ギリシア兵が胴部に潜んでいたとする木馬はこのような門から城内に運び込まれたことになる。

〈右〉伝アキレウスの石棺　アキレウスの息子であるネオプテロモスは、トロイア王であるプリアモスを殺す。さらにはプリアモスの末娘ポリュクセネをアキレウスの墓前に連れて行き、彼女を生贄として捧げたといわれる。ポリュクセスが生贄にされる瞬間の生々しい光景がこの石棺にじつにリアルに刻まれている。チャナックカレ考古学博物館蔵。

〈左〉ホメロス像　このホメロス像は、ローマ時代のものである。このほかにもいくつかホメロス像は確認されている。彼は盲目で、一説ではスミュルナ、今のエーゲ海の最大都市イズミルの出身の吟遊詩人であったといわれる。

たことに底知れぬ驚きを覚えたのかもしれない。それはシュリーマンにとってあまりにも新鮮なものであったに違いない。

支出した費用に対して得られる効果、つまり「費用対効果」という言葉を日本のいたるところで耳にするが、シュリーマンは実業の世界でこれを正しく実践してきた人間であった。しかし、ソルボンヌには利潤を追求する世界とはまったく違う世界があったのである。利潤などをまったく考えず、世間にもあまり相手にもされないような考古学の発掘に一生を捧げている人間がいたのである。シュリーマンはそれに驚いたに違いないし、おそらく、身震いするほどの衝撃を受けたのではないかと思う。

彼はソルボンヌでいくつもの考古学に関する集まりに顔を出している。考古学者が一つの問題点をみつけ出し、それを解明するために種々の考古資料、文献資料を駆使しながら解明していく姿をそばでみながら、シュリーマンなりの問題点を探し出し、それを解明する手法を考え出していったことは十分に推測できる。

『イリアス』が実話ならば

その取っ掛かりとして、シュリーマンはホメロスの叙事詩である『イリアス』を取り上げた。ヨーロッパの人々にとって『イリアス』の世界に描かれているトロイア戦争は、あくまでも叙事詩であり、神話の世界であった。しかし、シュリーマンは、それは架空、空想ではなく実話と考えた。実際にあった戦争と考えたのである。そのトロイア戦争の舞台を探し出すことは、『イリアス』を駆使することで可能ではないかと考えた。それが実話であったとすれば、ヨーロッパに大きな反響を呼ぶことになるのではないか。そのことは、シュリーマンの脳裏のどこか片隅にはあったはずである。

研究者は己が駆使する資料（史料）に対し、絶対的自信をもつのは当然のことである。反論に対しては、あらゆる方法を使って立ち向かおうとする。それが研究者である。シュリーマンはソルボンヌの考古学の世界に浸りながら、これから彼自身の進むべき道が徐々にみえはじめていた。ソルボンヌでどれだけ考古学を修得したかは定かではないが、少なくともこのソルボンヌでの体験が、憧れのトロイアへたどり着く第一歩となった。

発掘をおこなううえでは、それなりのトレーニングが必要である、出土遺物の取り扱い方、出土遺構、発掘区の断面の実測の仕方、報告書の作成など、学ばなければならないことが山ほどある。少なくとも数年はかかる。シュリーマンがソルボンヌの聴講生になったからといって、短期間でそれらのすべてを学び切るのは、ほとんど不可能に近かったはずだ。それはシュリーマンがギリシアのイタカ、そしてヒサルルックの発掘でその未熟さを露呈していることからも、うかがい知ることができる。発掘は素人そのものだったといわざるをえないし、古代に興味を抱いた一人の商人が好き勝手に地面を掘り返したにすぎなかった。シュリーマンの未熟な掘り方は、一八七九年、ヒサルルックの発掘現場に建築家デルプフェルトを招くまで続いた。

最初はイタカで発掘

一八六八年四月、シュリーマンは、実業の世界を清算したのち、満を持してイタリアのナポリに旅立った。この段階ではおそらく考古学は単なる憧れの世界であったに違いない。どのようにすれば考古学の世界にはいれるのかを思案していた時期でもあった。

『古代への情熱』第二章「最初のイタカ、ペロポネソス、トロヤ旅行（一八六八―六九）」などによれば、シュリーマンは一八六八年五月五日にパリからローマに到着、その後、ポンペイ、フィレンツェなどをまわっている。ローマとポンペイでいくつかの発掘現場を見学しているが、ここではじめて発掘の方法を実際の目で確かめたことがうかがわれる。

その後、ギリシアのイタカ島へと向かった。ここにシュリーマンは七月九日から十七日まで滞在し、実際に発掘をおこなっている。おそらくローマやポンペイなどでみた発掘のやり方をイタカでも実際にやってみようと思ったに違いない。家族のいるペテルブルグへ行く途中に発掘を試みるのはあまりにも唐突にみえるものの、彼はイタカの発掘に取りかかった。もちろんのこと、シュリーマンは発掘許可なども持ち合わせないままの無謀ともいえる発掘だった。好き勝手に掘ったところで、まったく成果があがるはずもないのだが。

　イタカでの発掘で注目しておくべきことは、シュリーマンがホメロスの叙事詩『オデュッセイア』を発掘の際に史料として使ったことである。そして叙事詩を史実として取り上げることが、その後のシュリーマンが発掘をおこなううえでの基本となった。叙事詩の内容を発掘する際の史料としていることに対して、それほど躊躇していないところが、素人といえば素人である。

『オデュッセイア』では、ギリシアの英雄であり、イタカの王オデュッセウスがトロイア戦争後、故郷であるイタカに戻る過程を著している。オデュッセウスが妻であるペネーロペーに再会する場面は胸にせまるものがある。


「お目覚めになって下さい、若奥様、これまで毎日毎日見たいと願っておいでになったものを、今御自分のお眼でご覧になれるのですよ。オデュッセウス様が御帰国になりました、もうお屋敷においでになっています、随分遅いお帰りでしたけど。それからまた殿様は、思い上がった求婚者どもも見事討ち果たされました、御家に仇をなし、御資産は食い荒らすし、御子息には乱暴を働いておりましたあの者どもを」。（『オデュッセイア』第二十三歌）

イタカに帰還したオデュッセウスが妻に会う光景は、シュリーマンにとっては史実だった。『古代への情熱』でシュリーマンはつぎのように述べている。

イタカでは土地のひとびとはアエトス山をば、その頂上が古代ふうの周壁でめぐらされているために、オディッセウスの城壁だとしている。（略）アエトスのいただきは水平に横たえられていた大石で一面におおわれていた。しかしあちこちに数メートルずつ灌木や雑草でおおわれているのを見ると、ここにも土質があることがわかった。ただちに私は、どこであろうと地表面のようすが発掘できそうな場所であれば、そこで発掘をはじめようと決心した。しかし道具は何も持たなかったから、調査は翌日までのばさねばならなかった。（略）

翌日の七月十日、私は海水浴のあと、朝五時ごろ四人の人夫をつれて、宿をとった村を出発した。満身汗にぬれて、七時ごろわれわれはアエトスのいただきに着いた。まず私は四人の男に雑草を根こそぎ抜かせて、それから東北隅を掘らせたが、私が推測するところでは、そこにはオディッセウスがそれで結婚の寝床をつくらせ、またその位置に彼の寝室をたてた、あのすばらしいオリーブの樹があったに相違なかった。（『古代への情熱』）

同じく『オデュッセイア』の第二十三歌には、シュリーマンの心を動かした箇所がある。

夫を試そうとして妃がこういうと、オデュッセウスは憤然として、貞淑な妻に向っていうには、

「奥よ、なんとも胸に突き刺さるようなことを、そなたはいってくれたな。一体何者が寝台を他所《よそ》に移したのだ。神が自ら御出ましになって、その思いのままに易々と他の場所に移されるのならば知らず、それはいかに練達の者にも至難の業《わざ》であろう。この世に生を享ける人間では、いかに若さに溢れる者でも、容易にはこれを持ち上げて移すことはできまい。この寝台の造りには、重大な特徴があるからだ。寝台は余人ならぬこのわしが造ったものだ。屋敷の垣の内に今を盛りと生い栄える、葉長のオリーヴの株があった。その太さは柱ほどもあったが、わしはこの樹を中に置いて寝室を建て、隙間なく石を積んで仕上げると、しっかりと屋根を葺き、繋ぎ合わせた扉をぴったりと合うように建て付けた。そうしてから葉長のオリーヴの枝葉を落とし、幹を根元から粗削《あらけず》りした後、手斧で幹のまわりを手際よく削って平らにした。さらに墨縄を当てて真直ぐにし、こうして寝台の支柱を造ると、その全体に錐で孔をあけた。先ずこの作業から手を付けて寝台を造り、金、銀、象牙で装飾を施して仕上げ、赤紫に美しく染めた牛皮の紐を孔を通してぴんと張った。わしがそなたにいう寝台の特徴とは、こういうことなのだ。奥よ、この寝台が今もそのまま元の場所にあるのか、あるいは誰ぞオリーヴの根元を伐って、他所に移したのか、わしは知らぬが」。(『オデュッセイア』第

二十三歌）

しかし、いかにホメロスの叙事詩を信じて発掘したところでそのとおり結果がでてくるとは限らない。どちらかというと発掘ではまったく正反対の結果になることのほうが多い。ましてや全然予想もしていなかったものに出会い、それに流されて調査を進めてしまうことも多々ある。

独自の思考に基づく発掘

シュリーマンは、つぎに最初に発掘した場所からすぐそばにある城塞と思われる遺構の発掘に取りかかった。この発掘作業をおこなっている途中でシュリーマンは、オデュッセウスの宮殿と推測した場所の発掘も試みている。

そこで私はくわで掘りはじめたが、深させいぜい一〇センチで人間の灰をみたした、一つの美しいしかもはなはだ小さな壺をこわした。私は非常に注意して掘りつづけて、二〇個ほ

どのめずらしい形をした種々さまざまの壺類を発見した。（略）その他この小さな家族墓地から、犠牲用の小刀のまがった刃のひどく錆《さ》びたものと、二つの笛を口にした一女神を表わした陶製の偶像とを発見した。ついで一つの鉄片の破片、一本のいのししの角、多くの獣骨小片、最後に青銅線を組み合わせてつくった柄《え》を発見した。銘文はたとえ五か年間をかけてさがしても効果のないことであって、残念ながらただの一つもなかった。（『古代への情熱』）

おそらくこれほどの発見があるとは、シュリーマンはまったく予期していなかったのではないか。彼は出土した遺物をみて驚喜してしまった。『オデュッセイア』を信じて発掘したことは正しかったと己に絶対的自信をもったことは疑う余地もない。さらにこれを裏づける根拠として、つぎの箇所をあげている。

また私の五つの小骨壺のなかにはオディッセウスとペネーロペーあるいは彼らの子孫の骨灰があることは、十分にありうることである。（『古代への情熱』）

この文章で強く感じるのは、シュリーマンの発掘に対する意気込みである。発掘をする際にもっとも重要なことの一つは、何を目的とするかだ。それを明確にしないまま発掘調査をするほど馬鹿げたことはない。シュリーマンは、彼なりの鮮明な目的をもっていた。イタカでオデュッセウスの宮殿を探し出すことが主目的だった。ただ、出土した遺物である壺内から検出された人骨を、まったく疑うことなくオデュッセウスのものと考えるあたりは、専門家の域にはいっていたとは到底いえるものではなく、素人そのものだったといわざるえない。

以前、私は東アナトリアで緊急発掘調査を手がけたことがあった。ただ、それには、何一つ目的らしい目的がなかった。ケバン・ダムの人工湖に水没する遺跡をできるだけ発掘し、多くの遺物を発見することだけだった。三年間、その調査に参加している過程で、現場のキャンプに携えていったこのシュリーマンの『古代への情熱』がどれだけ私を惹きつけたことか。

『オデュッセイア』は叙事詩であり、神話の世界が織り交ぜられていたことは、彼にとって大きな問題ではなかった。叙事詩であろうとも、そのなかには真実が含まれているとシュリーマンは確信を抱いていたのである。そのシュリーマンの思考方法に、私は何度も引き込まれそうになったことをよく覚えている。

第五章　ヒサルルックの周辺踏査

トロイアといわれているヒサルルックの周辺には、いくつも遺跡が点在している。イタカに続いて、シュリーマン自身もヒサルルックの南東約八キロに位置するプナルバシュ（旧名ブナルバシ）で遺跡踏査をおこなっている。ヒサルルックで発掘を開始する前のことだ。

このプナルバシュにはいる前に、彼はアテネで建築家Ｅ・ツィラーに出会っている。ツィラーは、以前にトロイアをみつけようとするプロジェクトにも参加したことがあり、プナルバシュを訪ねたこともあった。プナルバシュがトロイアの可能性のあることをツィラーから耳にして、シュリーマンはプナルバシュを訪ねた。一八六八年のことである。

彼は、アテネからイスタンブルに船で向かい、「そこに着いたその日にダーダネルスにあともどりした。以前にはそこに直行する船がなかった」（『古代への情熱』）。そして、約半日をかけてチャナックカレからプナルバシュにたどり着いた。そこで遺跡踏査をおこないながら、シュリーマンは一つの推測を立てるにいたった。

現在、チャナックカレからプナルバシュまではすべて舗装されている。チャナックカレからは車で一時間もかからない。くねくねした道はいたるところに穴ぼこがあるにはあるが、それほど問題ではない。途中でカルヴァートが発掘したハナイテペもみることができる。プナルバシュは小さな村である。村のほぼ中央部にはチャイハネ(茶店)がある。何度もプナルバシュを訪ねたが、チャイハネにすわり、チャイを飲みながら村人から周辺遺跡に関するいろいろな情報をもらった。

プナルバシュはトロイアにあらず

シュリーマンはプナルバシに到着してこう書いている。〝幼少のときの夢にまでその思いを浮かべた、トロヤの広い平野を眼前に見たとき、私は自分の感動をばほとんど制しえなかったことを告白する。ただ、私には一目して、この地をおとずれたほとんどすべての考古学者が主張するように、もしプナルバシが実際に昔の町の地域内にたてられたものとすれば、トロヤはあまりにも広すぎ、また海からあまりにも遠くへだたりすぎているように思えた〟と。(『古代への情熱』)

ここでもシュリーマンは、イタカ同様、ホメロスの叙事詩『イリアス』を根拠としてあげ、プナルバシュはトロイアではないと断定している。また、彼はここで『イリアス』に描かれていることを確認するために、川の水温を測定したりしている。

『イリアス』の第二十二歌のなかで、ギリシアのアキレウスとトロイアのヘクトルの一騎打ちの際に、両者が清らかな水の湧き出る二つの泉にたどり着いている。『イリアス』にはつぎのように記されている。

そのようにアキレウスは気合い鋭く一直線に襲いかかると、ヘクトルはトロイエの城壁の蔭に逃れて、激しく膝を動かして走る。二人は監視所を過ぎ、風に揺れる野無花果《いちじく》の樹を過ぎ、城壁から少し離れた車道《くるまみち》をどこまでも走り続け、やがて清らかな水の湧き出る二つの泉に着いた。ここには渦を巻くスカマンドロスの水源をなす二つの泉が湧き出ている。その一つの泉の水は温く、あたかも燃える火から煙の立つ如く湯気が立ち昇り、もう一つの泉からは、夏には霰《あられ》か冷たい雪か、または水の凍った氷の如く冷たい水が湧いて出る。ここには泉のすぐ傍らに、石造りの立派な広い洗い場が幾つもあって、まだアカイアの子らが来ておらず平和であった頃には、トロイエ人の女房や器量のよい娘たちが、ここで艶やかな着物を洗っていた。(『イリアス』第二十二歌)

シュリーマンはプナルバシュに着いた翌日から周辺の踏査にはいった。プナルバシュのプナルは、トルコ語で「泉」、バシュは「頭」、つまり水が湧いている所とでも訳すことができる。彼はホメロスのいう「一つは温かく、もう一つは氷のように冷たい水」を求めたものの、それを確認

〈上〉プナルバシュ　19世紀の探検家の多くは、このプナルバシュ(旧名ブナルバシ)が古(いにしえ)のトロイアであるとする考えを抱いていた。しかし、シュリーマンは、この地がトロイアであるとすればダーダネルス海峡の海岸線まではあまりにも遠く、ギリシア兵が、海岸線からトロイアまで1日に何度も往復するのは不可能と考えた。

〈下〉プナルバシュのチャイハネ(茶店)　プナルバシュ村のほぼ中央部にあるチャイハネには、エメックリ(退職者)の人たちや農作業に出かける前の人たちがふと立寄り、チャイ(トルコティー)などを飲みながら一息を入れるところでもある。時間さえあればカード、コンケン(麻雀の一種。数字合わせのゲームで麻雀ほど複雑ではない)を楽しむ。トルコ人のタバコ好きは知られているが、昼過ぎには紫煙でチャイハネ内は霞んでしまうほどだ。

〈上〉カラメンデレス(スカマンドロス)川　プナルバシュ近くを流れている。シュリーマンはヒサルルックで発掘を開始する前に、この周辺を丹念に踏査している。とくに、トロイアのそばを流れている二つの川の水温が違うことが『イリアス』に記載されていたことを証明しようと、プナルバシュのそばの川の水温を計測した。

〈下〉オスマン帝国時代に建設された建物　チャナックカレにはオスマン帝国時代に建設された煉瓦造りの建物がいくつも現存しており、異国の雰囲気を漂わせている。当時のチャナックカレは、黒海とエーゲ海、地中海を結ぶ要地に位置していたこともあり、欧米の領事館、商館などがアナトリア側の海岸線に並んでいたという。シュリーマンはチャナックカレで外交官カルヴァートと出会い、発掘の世界に向かう。

することはできなかった。トロイア戦争の際、ギリシアの兵士が船舶を停泊した海岸線とトロイアを一日に何度も往復しているが、このプナルバシュがトロイアであるとすると、それは可能なことだろうか。シュリーマンは、距離的にみてもそれはまったく可能性のないことであると考えた。

さらに二十二歌は続いている。

その横を二人の勇士は、一人は逃げ、一人はその後を追って駆け抜けてゆく。前を走って逃げるのが勇士ならば、その後を快足をとばして追うのはその強腕彼を遥かに凌ぐ豪勇の士、素《もと》より二人がめざすのは、足の速さを競う折に賭けられる、生贄《いけにえ》の獣でも牛革の楯でもなく、二人は馬を馴らすヘクトルの命を賭けて走るのであった。それはあたかも幾たびも勝利に輝く駿馬たちが、折返しを示す標柱を鮮やかに素早く廻る時のよう――みまかった人を弔う催しに、三脚釜か女か、豪華な賞を賭けられる折のこと――、そのように二人は快足を飛ばしてプリアモスの町のまわりを三たび廻った。(『イリアス』二十二歌)

つまり、『イリアス』の叙事詩によると、プリアモスの町――トロイアをアキレウスがヘクトルを追いながら、三度もまわったことになる。これについてもシュリーマンは、プナルバシュに対して否定的な見解をもった。プナルバシュの周辺を踏査すると、アキレウスとヘクトルが三度もまわるような古代遺跡などは存在しないことに、シュリーマンは気づいた。

実際にプナルバシュを訪ねたときに、私自身も周辺地域をまわってみた。いくつものトゥミュルス（墳墓）こそあれ、トロイアを想起させるような台形状の遺丘に出会うことはなかった。

『イリアス』のなかの史実

叙事詩のなかに史実がないとは、決していえない。例えば、ヘクトルがアキレウスに敗れたのち、ヘクトルの父親であるプリアモス王が息子の遺骸を受け取りに敵陣に赴き、アキレウスに嘆願する姿は今もって我々の気持ちを揺り動かすものがある。そしてヘクトルの遺骸をもち帰り、トロイア城外に薪を高く積み上げて荼毘《だび》にふした。『イリアス』第二十四歌にそのことがつぎのように記されている。

「さあトロイエ人たちよ、薪を町へ運んでくれ。アルゴス勢が巧みに伏兵を構えはせぬかと恐れる必要はない。アキレウスは黒塗りの船からわしを送り出す折に、十二日目の朝が来るまでは、こちらに危害を加えるようなことはせぬ、と約束してくれたからだ」。

こういうと、一同は何台もの車に馬や騾馬《らば》を繋ぎ、そうしてから急いで町の前に勢揃いする。九日にわたって夥しい量の薪を運んだが、十日目の暁が人みなに光をもたらしつつ姿を現わすと、豪勇ヘクトルの遺体を涙のうちに運び出し、薪の山の一番上に遺体を置いて火をつけた。

朝のまだきに生れ指は薔薇色の暁の女神が姿を現わすと、その名も高きヘクトルの火葬の場に、町の住民たちが続々と集まってくる。やがて一所に集合し終ると、燃える薪にきらめく葡萄酒をかけて、火勢の及んだ限りにわたって火を消した。ついで兄弟たち、戦友たちが白い骨を集めたが、泣きながら骨を拾う者たちの頬を伝って、大粒の涙がこぼれ落ちる。拾った骨は柔らかな紫の布に包んで、黄金の壺に納める。それをまたすぐに、空《うつ》ろな穴に沈め、その上に大石を隙間なく置き並べる。手早く塚を盛り上げ、塚のまわりには、脛当《すねあて》良きアカイア勢が、早目に攻め寄せることもあろうかと、警備の者たちを配置した。塚を築き上げてその場を去り、型の如く寄り集まって、ゼウスの庇護を受ける王プリアモスの屋敷の内で、盛大な供養の宴席に就いた。

馬を馴らすヘクトルの葬儀はこのように営まれたのであった。(『イリアス』第二十四歌)

この件は、当時のアナトリアの慣習を見事にあらわしている。一つはヘクトルの遺骸を火葬にふす場面である。前二千年紀後半のヒッタイト帝国には火葬の風習があった。帝国の都ハットゥシャでも、火葬された人骨は確認されている。そしてこの火葬の習慣は、ヒッタイト帝国以前のアッシリア商業植民地時代（前二〇世紀後半〜前一七世紀初頭）にもあった。中央アナトリアのアジェムホユックというアッシリア商人の町からは、火葬され、使用済の土器に入れられて埋葬されている例がいくつもみつかっている。火葬がヒッタイト帝国を築いた印欧語族の慣習であるか否かは定かではない。ただ、『イリアス』のなかに登場するヘクトルの火葬の場面は、中期青銅器時代のアッシリア商人がアナトリアで経済活動を盛んにおこなっていた時期やトロイア戦争のあったといわれる後期青銅器時代、つまりヒッタイト帝国時代にも執りおこなわれていたことだけは事実である。これは『イリアス』がギリシアの神々が登場する叙事詩とはいえ、そのなかには明らかに史実も含まれていたことをうかがわせる。

また、石を積みあげて塚をつくりあげたのも、ホメロスの時代に多々みられる墓の構築法であった。この墓制についても『イリアス』のなかに述べられており、前二千年紀から前一千年紀前半のアナトリアの慣習などが見事に描かれていたことになる。

つまり、『イリアス』は叙事詩とはいえ、当時の慣習などがいくつもそのまま記されている箇所がある。それらをどのようにして叙事詩のなかから抽出するかが大きな鍵となる。シュリーマンが『イリアス』を熟読、そしてもっと精査をしていたなら、トロイアの発掘もまったく違ったものになっていたかもしれない。

外交官カルヴァートとの出会い

ある意味ではシュリーマンは幸運な人間だった。アテネで建築家のツィラーに出会ったことに加えて、チャナックカレで外交官のカルヴァートに出会ったことはその最たるものである。カルヴァートはダーダネルス海峡のアナトリア側に邸宅を構えていた。カルヴァート家はイギリス国籍で、チャナックカレでアメリカ、イギリスの領事を生業とする外交官の一族であった。

当時のカルヴァートは、アメリカの領事をしていたが、単なる領事ではなかった。チャナックカレ地方の遺跡を数多く踏査し、それに関する書物も著していた。アマチュアの域を超えた考古学者でもあった。さらに、その後のシュリーマンにとって都合のよかったことは、カルヴァート家がヒサルルックの遺丘の東側半分の土地所有者でもあったことである。カルヴァートは実際、一八六三年、六五年の二シーズン、ヒサルルックの北斜面で発掘を試みているし、また、大英博物館へ発掘費用の要請もしている。これから考えてもカルヴァートはヒサルルックが間違いなくトロイアであると確信をもっていた節がある。ただ、大英博物館へ発掘費用を要請していることは、彼には潤沢な発掘費用を持ち合わせていなかった可能性は高い。そこにトロイアを発掘しようとする商人のシュリーマンがやってきたのである。

一八六八年八月十五日、シュリーマンはチャナックカレのカルヴァートを訪ねている。カルヴアートは、それまで彼がチャナックカレ周辺で収集した遺物や、ハナイテペ、ヒサルルックで発掘した遺物をみせながら、ヒサルルックが間違いなくトロイアであることを話したといわれる。カルヴァートからヒサルルックがトロイアだと聞いたことを、シュリーマンはどこにも触れていない。自分がヒサルルックがトロイアであるとする説を話したときに、カルヴァートも同じ考えだといった、と語る程度である。カルヴァートの考えをほとんど無視したかのようにいわれているが、確かにそれは否定できない。あとでも述べるが、発掘をする人間のなかには概してそのような者がいることだけは確かだ。

現在、外国研究機関がアナトリアで発掘調査をおこなう際には、まず最初に発掘する遺跡の土地を買収しなければならない。これは発掘許可を取得すると同時に、トルコ側から要求される。発掘する遺跡が国有地であればまったく問題はないが、私有地で耕作地として使用されている場合は厄介である。外国の研究機関が直接土地所有者と交渉することはなく、文化・観光省史跡・博物館総局が仲立ちしてくれるものの、なかなか容易に話がまとまらない。土地所有者がすんなり政府側からいわれた土地代金を受け入れることはなく、ほとんどの場合、裁判闘争になる。

シュリーマンはヒサルルックを発掘するにあたっては、外交官であるカルヴァートの力を大いに利用した。シュリーマンは何度か、ヒサルルックの発掘許可をオスマン帝国から取得してくれるように依頼している。カルヴァートは外交官ではあったが、彼の力を借りても発掘許可はそう容易なことではなかった。

シュリーマンはヒサルルックで発掘するにあたって、カルヴァートからいろいろな情報を得ていた。シュリーマンがチャナックカレでカルヴァートの自宅を訪ねて彼がそれまで発掘した遺物をみせてもらい、ヒサルルックが間違いなくトロイアであるとするカルヴァートの話を聞いていなかったなら、シュリーマンのヒサルルックの発掘開始はかなり遅れていたかもしれないし、ひょっとするとヒサルルックで掘ることを止めていたのかもしれない。カルヴァートに出会ってから、彼の書簡のなかに初めてヒサルルックが登場してくることからも、カルヴァートの影響力の強さをうかがい知ることができる。

アテネでツィラーに会い、そしてチャナックカレで外交官のカルヴァートに出会ったシュリーマンは、発掘の世界に、そしてトロイア発見にすっかり魅せられていった。

「城塞」ヒサルルック遺跡

シュリーマンが、ヒサルルックをトロイアの可能性があるとしたことには、既述したようにいくつかの理由はあった。彼にとっては、幼少時にみたトロイア落城の挿絵が大きな一つの支えになっていたことも忘れてはならない。ヒサルルックのヒサルはトルコ語で「城塞」を意味している。城塞のある遺跡、つまり遠方から眺めると「城塞」のようにみえる遺跡とでも訳すのが適当なのかもしれない。こうした遺跡は、遠方からは台形状にみえる。この台形状にみえることに、シュリーマンが注目したかどうかはわからない。おそらく台形状の遺丘にいくつもの城塞がはいっていることなどの情報は持ち合わせていなかったのではないかと思う。ただ、ヒサルルックのような台形状の形態をもつ遺丘は、城塞がはいっていることは間違いないし、その地域の中心的役割を演じていた都市が眠っている可能性も高く、考古学的には極めて重要な意味をもっている。

アナトリア高原には大きく分けて三つの遺跡形態がある。一つは洞窟の遺跡である。地中海沿岸の山岳地帯で確認されている遺跡で、旧石器時代のものである。二つ目はホユック、フユック、テペ、テル、あるいはカレ、ヒサルと呼ばれる丘状の遺跡である。いずれも遺丘と訳される。これは旧石器時代以降の新石器時代にかたちづくられはじめ、現在でも集落地として使用されているものもある。そしてもう一つがドゥズ・イェルレシム・イェリと呼ばれる遺跡である。ドゥズはトルコ語で「平らな」、イェルレシムは「集落」そしてイェリは「地」、つまり「平らな集落址」とでも訳すことができよう。

ホユック、テペなどの遺丘は、径が約二〇〇〜三〇〇メートル、高さが十〜二十メートル前後で数千年の文化が堆積している。換言すれば、遺丘には古代の都市が幾重にも重なっている。それに対してドゥズ・イェルレシム・イェリは一般的に一つか二つの文化層しかはいっていない。そこではヘレニズム時代以降の文化、ローマとビザンツ、ローマとオスマン、あるいはビザンツとオスマンなどの組み合わせの文化をみることができる。

何度も同じ場所に集落を形成した背景として、遺丘そばに途切れることなく湧き出たり、そばを流れる水をあげることができる。アナトリアで遺跡踏査をおこなう前に地図上で遺跡を探し出す作業も重要である。ホユック、テペなどが地名に使われているところもあり、地図上で遺跡をみつけるうえで大きな手がかりになる。それと同時に水に関連する地名を探し出すことも遺跡を確認するうえでは重要なポイントとなる。前一千年紀の後半になると遺丘から平らな地へ集落を移動する傾向がでてくる。人口増加や自然環境の変化もあげられるが、水を大量に運び込む技術を人々が修得し、徐々にそれに改良を重ねることによって、水源近くの遺丘からから平らな広い地に移ることが可能になったのではないかと考えている。

ヒサルルックは「城塞」という意味の名前にたがわず、実際に発掘すると、なかからは驚くほどの素晴らしい城塞が遺跡の周辺部でみつかる。城塞は他の建築に比較して堅固に構築されていることもあり、どの時代の城塞も残存状態が良いのが普通である。その城壁の存在が遺跡の形態を台形状にしているといえる。

このような台形状の遺跡は、二十五キロから三十キロほどの間隔で確認することができる。その周辺に小形のホユックが必ずといっていいほど数個ある。つまり、台形状の大形の遺跡の周辺に衛星都市のような形で点在していることになる。

東西文明の接点であるアナトリア高原には驚くほどの遺跡がいたる所に点在している。どこを歩いていても遺跡に出会う。ある考古学者が、アナトリアそのものが考古学博物館であるといったことを耳にしたことがある。なんともうまい表現をしたものである。ただ、シュリーマンはここで述べたような考古学的情報を、まったく持ち合わせていなかった。彼の情報は、アテネで会ったツィラーからのものであり、カルヴァートのものであり、そしてホメロスの『イリアス』であった。

シュリーマンはトロイアの城塞が猛火に包まれたことを想像し、その痕跡が残っていると考えた。もし、城塞を一つの根拠としてトロイアを探し出そうとするならば、遺跡の形態、呼称を一つの手がかりにする必要がある。それを基にチャナックカレに点在する遺跡を調査すると、ヒサルルックを除いてはない。その意味からもシュリーマンがヒサルルックに近づいたことは、考古学的情報を持ち合わせていなかったとしてもそれほど的はずれではなかった。

カルヴァートによるヒサルルックの発掘

シュリーマンがヒサルルックで本格的な発掘にはいる前に、外交官であるカルヴァートがヒサルルックを掘っている。ヒサルルックの東半分が彼が所有していた土地であることを考えると、自身の庭先で発掘をおこなったようなものだ。カルヴァートはヒサルルックが間違いなくトロイ

アであると信じていたし、既述したように、一八六三年にはイギリスの大英博物館へ発掘費用を要請していたことからも、ヒサルルックに大いに注目していたことがうかがわれる。

ただ、発掘といっても、ヒサルルックの東部分の上層をわずかに掘りさげただけだった。カルヴァートは発掘でアテナイ神殿の一部を掘り当てたものの、ヒサルルックがトロイアであるとする決定的根拠を探し当てたわけではなかった。

古代の配水管　ヒサルルックのそばにある博物館の庭に置かれている土製の配水管。形態的にみて、ヒサルルックの第Ⅸ層のローマ時代、あるいはコルフマンによって確認された第Ⅹ層のビザンツ時代の層から出土した可能性が高い。

カルヴァートからヒサルルックがトロイアでないかとする推論をシュリーマンは聞いてはいたが、それにはあまり触れていない。このことに関してはシュリーマン研究者のなかでもいろいろと論じられているところだ。おそらくヒサルルックを発掘地として推薦したのもカルヴァートであったと思うし、そこがトロイアであることも間違いなくカルヴァートからの情報であったと思う。

ただ、シュリーマンはトロイア発見者が己であるということを強調するがあまり、カルヴァートから受けた情報について意識的に除外していたことは否めない。しかし、このようなことはアナトリア考古学のなかではよくあることである。例えば、ヒッタイト帝国時代の都市オルタキョイ（旧名シャピヌワ）の発見は、一九九〇年のことである。現在発掘している研究者が発見したわけではなく、遺跡踏査をしたうえで探したものでもない。チョルム考古学博物館へ帝国時代の粘土板が一人の農夫によって運び込まれ、初めてオルタキョイの存在が明らかとなった。発見者は村人であり、チョルム考古学博物館であった。しかし、発掘をおこなっているアンカラ大学の

A・スエルは、自分たちが緻密な遺跡踏査をしてオルタキョイを発見したと報告書には記している。スエルは、それまで一度もオルタキョイの周辺を調査したこともなかったし、遺跡があることも知らなかった。彼女は農夫、博物館を無視することにより一つのサクセスストーリーを自分で創作してしまったのである。

これはまさにシュリーマンと同じことである。この類《たぐい》の話はアナトリア考古学では山ほどある。だからといって、シュリーマンがカルヴァートからの情報を無視したことを肯定するつもりはさらさらない。ただ、考古学の発見には、十九世紀も、二十世紀も、そして二十一世紀になっても、そこには嫉妬の渦巻く世界があるのみで、いつになってもあまり代わり映えのしない世界であるとしみじみ思ってしまう。

これまでのアナトリアでの考古学的大発見は、研究者が関わったというより「羊飼いの少年」、「農夫」などからの情報によるものが多いことをえてして忘れがちである。そして残念ながら、それを無視しようとする研究者がいることも事実である。

第六章　ヒサルルックの発掘

現在、アナトリアで文化・観光省の発掘許可なしには調査はできない。発掘をおこなううえでは、前年度の十二月末までトルコの文化・観光省史跡・博物館総局発掘課へ申請しなければならない。申請したからといって必ず調査許可が出るとは限らない。最近では申請が却下される場合も多くなっている。

いかに一八七〇年代がオスマン帝国時代とはいえ、許可なしには発掘はできなかった。そして、当時はイスタンブルに考古学博物館建設の機運が高まってきており、オスマン帝国内で出土した考古学的資料の収集が本格的に始まった時期でもあった。そうした状況下でシュリーマンがヒサルルックで発掘しようとなると、どうしても乗り越えなければならない難問が山積されていた。

シュリーマンが当局との関係がよかった発掘者とは決して思えない。当時の発掘調査にはオスマン帝国から査察官が送られてくるのが慣例となっていた。査察官の派遣は、出土した遺物の管理のためであり、国外に遺物が持ち出されないかをコントロールするためであった。今日でも発掘調査の成否は、査察官といかにうまくやるかにかかっている。

４月の発掘調査　アナトリア考古学研究所による第５次ビュクリュカレ遺跡の発掘調査。2013年は４月中旬にはいり雨の日が多く手こずった。朝は快晴でも、日中、発掘中に大雨が降るのには閉口した。この遺跡では、予想をはるかに越える前２千年紀の建築が顔を出しはじめている。手前の建築遺構内からは、3000点を超す儀礼用品と思われる同形の土器がみつかっている。右上にみえるのはクズルウルマック(赤い河)。

一八七〇年、許可なく発掘開始

一八七〇年、シュリーマンは、カルヴァートの土地でもあり、カルヴァート自身もそこがトロイアであると考えていたヒサルルックの発掘に取りかかった。しかし、ヒサルルックの発掘許可をシュリーマンは容易に取得できなかった。いかにクリミア戦争でシュリーマンが莫大な財を築いた人物とはいえ、イスタンブルのオスマン帝国にとっては一介の商人であり、得体のしれない人物であった。彼にそうやすやすと発掘許可を出すほどオスマン帝国も甘くはなかった。

現在、トルコで考古学の発掘調査をおこなう際にも、文化・観光省から査察官が派遣され、二十四時間、現場、キャンプに張りついている。ただ、自叙伝によるとシュリーマンがヒサルルックで発掘をおこなう際も査察官は派遣されてきている。シュリーマンは、査察官と何度も無意味なほどの衝突をしている。しかも、一八七〇年の発掘は無許可なうえ、査察官もいなかった。

シュリーマンの発掘は、発掘といえるものではなかった。どちらかといえば、発掘に興味をもっている一商人が遺丘に適当に鍬を入れたにすぎなかったし、宝探しのために闇雲に掘ったにすぎなかった。

四月九日、彼はヒサルルックに到着するなり、遺跡の北西端の発掘にさっそく取りかかった。当時のオスマン帝国がそれほどの力をもっていなかったとしても、許可なく発掘をおこなうのは無謀極まりないことだった。シュリーマンは、発掘準備、方法、考古局、地元との交渉などすべての点で素人だった。

アナトリア高原の気候は、一年をとおしての寒暖の差が厳しい。私が発掘調査をしているカマン・ホレユック遺跡では夏は四十五度を超えるし、冬は氷点下二十度以下までさがる。陽炎がゆらゆらと立ちのぼり、思考が停止するほどの猛暑と、瞬時にして身も凍る極寒が一年のなかに訪れる。発掘現場での作業は、気温のさほどあがらない早朝から、昼の早い時間にかけておこなうのがベストである。発掘は六月から九月にかけておこない、ほかのシーズンは出土遺物の整理にあてる。十一月から三月の冬場はときに、積雪も一メートル近くにもなり、まったくなすすべもなく、働き盛りの男性はほとんどがイスタンブルやアンカラに出稼ぎに行く。

四月のアナトリアは、いつ雨が降っても不思議ではない。集中豪雨に見舞われるときもある。五月の下旬にもなるとアナトリアの天候は安定し、発掘が始まるのが通例だ。今でも欧米の調査隊がアナトリアへはいってくるのも五月下旬から六月初旬である。

シュリーマンは、それほど天候のことを考えていなかったようだ。パリで聴講生としていかに考古学の授業を受けていたとしても、発掘をおこなうに十分な力をもっていたとはいえなかった。それは一八六八年、ギリシアのイタカでおこなった発掘からも、そして、一八七〇年、無許可でヒサルルックを掘った掘り方にしても、彼の発掘技術はまだ未熟であることがよくわかる。

無数の土器片、獣骨が出土

それにもかかわらず、彼はヒサルルックで発掘を開始してしまった。そして、掘りはじめてわずか三日目で、シュリーマンは部厚い石壁（城）を発見したのだから驚きだ。もっとも、三日目で城塞を探し出すとなると相当無茶な発掘をしたことになるし、それはヒサルルックの裾を強引に抉《こ》じ開《あ》けて掘ったがために顔を出した城塞の一部にすぎなかった。ヒサルルックのような台形状の遺丘には、既述したようにいくつも城塞がはいっているのはよく知られていることである。現在、アナトリア考古学研究所が発掘調査をしているカマン・カレホユック遺跡からも四つの城塞がみつかっている。

おそらくシュリーマンはヒサルルックを発掘したと同時に、ホメロスの叙事詩『イリアス』の世界が即座に展開するものと思っていた。彼にとっては『イリアス』の世界、つまりトロイア戦争の舞台を探すことが先決であった。その舞台の城門、城塞、そしてプリアモス王の宮殿とそのなかに眠っている財宝を探し出すことがもっとも重要な課題であった。架空と思われていた世界が実話であったとすることが、ヨーロッパ世界で強烈な反響を呼ぶものと彼は確信していた。

発掘で出てくる排土をフルイにかけるなど悠長なことをシュリーマンはいっさい考えなかったし、ただ掘りつづけるだけの作業をおこなった。ヒサルルックから出土する遺物が『イリアス』

と結びつくのか、あるいはどのようにすれば結びつけることができるかだけを考えた発掘だった。

ヒサルルックのような遺丘を発掘すると出土遺物の九割以上が土器片であり、獣骨であり、青銅製品、鉄製品、石製品、鉛製品、ガラス片であり、そして石で組まれたり、その上に日干し煉瓦が積み上げられた建築遺構が顔を出すぐらいである。

シュリーマンが望んでいた金、銀製品などが出土することはごく稀なことだ。ホユック、テペと呼ばれる遺跡から金製品が出土した例はいくつかある。それは前三千年紀後半の前期青銅器時代の墓のなかからである。当時は墓を居住地内に置く傾向があった。そしてその墓に金製品などを副葬品として埋葬する習慣があった。

シュリーマンは、丘状の遺跡から無数ともいえる土器片、獣骨などが出土するとは計算していなかったのではないか。それと遺跡から出てくる土の量には、ただ呆然としたのではないかと思う。しかし、それでもシュリーマンは、発掘で出てきる大量の土を遺跡の外にかき出す作業をしながら、『イリアス』の世界を探しつづけたのである。

いずれにしても一八七〇年の発掘は、ほとんど成果をあげることなく終わった。許可なく発掘をしたことで、それ以降のヒサルルックの発掘に関してイスタンブルの考古局と無意味なトラブルを引き起こす結果となった。

一八七一年、発掘許可取得

しかし、シュリーマンはその程度でくじけるような人間ではなかった。このあたりが並の人間ではない。

アナトリアで現在百を超す発掘がおこなわれているが、一～二年程度で放棄される遺跡がいかに多いことか。これは一つには目的意識が明確でないこともあげられよう。もう一つは、期待していたものとはまったく違うものが出土し、一気に熱が冷めてしまう発掘者もかなりいることだ。なかには自分が欲している文化層のみに注目するがあまり、興味のない文化層の建築遺構などをまったく躊躇することなく取りはずす研究者もいる。とくに、最近のアナトリアの発掘調査ではオスマン、セルジューク、ビザンツ、そしてローマ時代の文化層をほとんど調査することなく取り除くことさえある。

同じ遺跡を五年間も掘りつづけるとなると、それなりの問題意識が必要である．それもまったく微動だにしない問題意識が必要である。その点からいえば、シュリーマンのヒサルルックの発掘には、異常なほどの問題意識、つまり誰がなんといおうとトロイアを探すという、ぐらつかない鮮明なる目的をもっていたといえよう。

シュリーマンは一八七〇年の試掘に続き、七一年の本格的発掘を、前年に発掘した東側の部分から開始した。このシーズンは、イスタンブルから許可を取得したうえでの発掘だった。しかし、九月二十七日にチャナックカレにはいったシュリーマンは、それから遅れること二週間後、十月十一日に発掘を始めた。十月のアナトリア高原も、四月同様、天候はまったく安定しない。

アナトリアには、遺跡の表面の色によって遺跡の名称が与えられている場合がある。キュルテペ、カラテペ、ボズフユックと呼ばれる遺跡などがそうである。トルコ語でキュルは灰、カラは黒を意味するし、ボズは白でいずれも灰を意味している。遺跡は家屋から排出された灰、壁に使われた日干し煉瓦、壁の基礎部の石などから構成されており、それが徐々に積み重なることによって遺丘が形成される。アナトリアの遺丘の上に今でも集落を置いている村もある。そこに人々が住んでいる限り、家からは灰、食べ滓《かす》などが家屋外へと出されることになり、そして、それが積み重なり、遺跡は徐々に高く、そして広がることになる。

遺跡は発掘しない限り、表土層は比較的固い。しかし、一度掘り起こすと遺跡の土は急変する。発掘した土をフルイにかけると灰が混じっていることもあり、もうもうと土煙があがる。そこに風でも吹いてくるものなら作業はまったくできなくなる。そして、もっと厄介なことに少しでも雨に降られてしまうと、この灰まじりの土は見事なほどの泥となる。それも粘り気のあるべっとりしたもので、靴底に一度張りつくとなかなか取れない。

一八七〇年には四月、そして七一年に十月に発掘を始めたこと自体、シュリーマンはほとんどアナトリアを知らなかったようなものだ。現在では一度でも雨が降ると、乾燥するまで発掘区へはいらないのが常識である。折角確認した家屋の床面が雨で湿り、そこを歩いただけで床面自体はがたがたに壊れてしまい、床面の下の層の遺物が引き出されてくることさえある。発掘調査をおこなううえで雨の時期をはずすのはこのためである。現代の発掘では絶対にやらない時期に、シュリーマンは寒さと泥沼化したヒサルルックで、無駄なほどの精力を費やして悪戦苦闘していたことになる。

しかし、シュリーマンは、一八七〇年、七一年の二シーズンのいずれも雨の時期を選んでいる。これは発掘許可がなかなかイスタンブルから出なかったこともあったと思うが、一日でも早く『イリアス』のトロイア戦争の痕跡を探したいという強い気持ちが、雨期にもかかわらず発掘を強行させたのではないかと推測する。そのような彼の行動に、どことなく焦りを感じてしまう。

出土遺物と『イリアス』を結びつける

一八七一年十月十一日に発掘を開始したのち、案の定、雨に祟《たた》られ作業は困難を極めた。発掘でシュリーマンはギリシア、ローマ時代の遺物を発見したものの、彼が望んでいた金製品も青銅製品もみつけることができずに苦しんだ。

青銅製品をなんとかみつけようとしたのは、『イリアス』のつぎの場面を信じ込んでいたためであった。『イリアス』のなかでは、アキレウスとヘクトルが刃を交える場面が克明に描かれている。青銅の剣での戦いが『イリアス』全体を通じていたる所に出てくる。この点からいえば、シュリーマンが考えるように、もしヒサルルックがトロイアであるとすれば、大量の青銅製品が出土してきてもいいはずである。青銅製品が多くみつかりさえすれば、シュリーマンにとってはヒサルルックは間違いなくトロイアということになる。

　こういうや、影長く曳く槍を構えて投げたが、こちら勇名轟くヘクトルはまともに見据えてこれを躱《かわ》す。前を見て身を屈《かが》めると、青銅の槍は頭上を飛んで地面に刺さる。パラス・アテネはそれを引き抜いてアキレウスに返してやったが、それは軍勢の牧者、ヘクトルの目には留まらぬ。(『イリアス』第二十二歌)

また、『イリアス』では、トロイアは金、銀製品を大量にもっていた町であり、トロイア戦争の際には多くの青銅製武器が使用されていることになっている。これもシュリーマンはトロイアを探し出すうえでの絶対的条件として考えていた。ヒサルルックがトロイアであるならば、金製品、そして青銅製品が数多くみつかるはずだと思い込んでいたのである。

シュリーマンにとって、『イリアス』がゼウス、アポロンなどの神々がしばしば登場する叙事詩であることはまったく問題ではなかった。とにかく金製品、青銅製品を探し出すことが重要なことだった。

このシュリーマンの手法は、考古学の発掘にとって極めて危険なことである。そして往々にして現代の考古学者でも、気がつかないうちに陥ってしまう手法なのである。シュリーマンのように、一つの仮説を立ててそれを追いつめていこうとする場合、仮説を証明するための遺物にだけ注目するようになる。仮説を証明できそうな遺物に目が行くのは当たり前のことではあるが、他のものにはまったく目もくれなくなってしまう。発掘を経験した者であれば、誰でも陥りやすい落とし穴だ。

第二シーズン目の発掘は、七二年の一月二十四日まで続いた。発掘シーズンとしては最悪の時期であった。この時期は、もの凄い寒さ、雨、時には雪に見舞われる。ロドスという西アナトリア独特の低気圧がエーゲから流れ込んでくるのもこの時期だ。ダーダネルス海峡の側にあるヒサルルックはロドスに見舞われたら悲惨なものである。現在、この時期に発掘をおこなう調査隊は皆無である。こんな時期に遺跡を掘り起こすのは、ある意味では遺跡の撹乱《かくらん》にほかならない。

ギリシア、ローマ時代直下からは、シュリーマンが期待していた青銅製品はなかなか出土してこなかった。これはシュリーマンにとって期待はずれの結果だった。少なくとも青銅製品がみつからないことには、ヒサルルックをトロイアとみなすことはできないと思ったのであろう。いくら掘っても彼の期待するものはまったく出土してこなかった。

しかし、一月にはいると青銅製の針、武器類など小遺物がつぎつぎと出土しはじめた。彼はそれらをみたとき、『イリアス』のトロイア戦争のなかで何度も繰り返されるトロイアとギリシアとのあいだの戦いの場面で使われた青銅製武器であると考えた。彼にとっては、層序などはまったく関係なく、出土した青銅製品はすべてトロイア戦争に結びつくものであり、古《いにしえ》のトロイアを発見することにも深くかかわると考えた。このシュリーマンの手法、つまり出土遺物と『イリアス』の場面とを結びつけることは、それ以降も続くことになる。

一八七二年、大発掘区設置

シュリーマンは第二シーズン目の発掘終了後、わずか二カ月半でヒサルルックの発掘を再開した。一八七二年は、それまでのシーズンとはまったく違う発掘方法を採用した。ヒサルルックには一八七二年にシュリーマンが設置した発掘区が、今なお残っている。そのぱっくりと口を開いた形の発掘区からはダーダネルス海峡、そして海峡まで続く広々とした耕作地をのぞむことができる。一世紀以上も経ってもいまだに彼が掘ったところが残っているということは、シュリーマンが当時いかに大きな発掘区を設定したかを意味する。

一八七二年の発掘区は東西の幅が七十九メートル、ヒサルルックをまっ二つに割るかたちで、七一年に設置した発掘区をすっぽりと飲み込んでいた。最近のアナトリア考古学の発掘調査では地中に眠っている建築遺構を読み取る磁気探査、電気探査、レーダーによる探査が大きな役割を演じている。発掘調査をおこなううえでもっとも効率の良い方法として、かなりの遺跡調査で採用されているが、シュリーマンが発掘した頃にはただひたすら掘り進むしかなかった。望んでいるものがみつかるか否かは、どれだけ広く発掘するかにかかっていた。

シュリーマンの大胆な発掘区の設定は、探し出そうとしているものを確実にみつけるためだった。彼は『古代への情熱』のなかでつぎのように述べている。

最短距離のところで丘を切断すれば、その中央に神殿が発見されると予想したから、この丘の中軸において南から北へ一つの掘割りを作るつもりであった。さて彼が北方からすきとくわによって広い発掘溝をつくりはじめると、まず深さ二メートルのところで、大きな切り石からなる後期ギリシアの基礎壁にぶつかったが、それはほぼ長さ二〇メートル、幅一四メートルの建物に属するものであった。（『古代への情熱』）

この発掘方法は、極めて大胆で危険なものだった。遺跡の端から中央部へと掘り進むやり方は、ある程度考古学の発掘調査に関わってきた者であれば間違っても採用しない。文化が重層し丘状を呈している遺跡を掘るときに、裾から掘り進んでいくシュリーマンの遺丘の発掘方法は、出土遺物、建築遺構を整理するうえで混乱をきたす。

アナトリアで遺跡踏査をしていると、盗掘を受けている遺丘、トゥミュルス（墳墓）に出会うことがしばしばある。村人の話を聞いていると、遺丘、トゥミュルスには間違いなく黄金が眠っているのだという。そのようなことは絶対ないといくらいってもまったく信用してくれない。では、あなた方はなぜ遺跡まわりをしているのか、と彼らから問われ答えに窮することがある。盗掘坑の断面を観察すると、明らかに大型重機を使った痕跡を確認できる。一攫千金を狙った盗掘者が、重機を使って一気に黄金をみつけようとしたことは盗掘坑からもありありとわかる。シュリーマンの大発掘区をみると、どことなくそれに似通っているようにみえないわけでもない。

シュリーマンは、ヒサルルックの北側から発掘を進めているうちに城塞の一部にぶちあたった。もしもその城塞が強い火災でも受けていたとすれば、シュリーマンはおそらくトロイアの城塞と断定してしまったかもしれない。しかし、そこに火を受けた痕跡を確認することはできなかった。それを理由に、シュリーマンは、壁を取りはずしてしまったのである。そして、彼はさらに遺跡の中心部へと掘り進め、デパスと呼ばれる両耳の把手付きの杯を発見した。このデパスは現在では前三千年紀後半に年代づけられている。また、このデパスと同時に人面付きの蓋をもつ小形壺を発見した。それは轆轤《ろくろ》製ではなく手づくね製であった。これらも今では前三千年紀後半の前期青銅器時代に年代づけられているものである。土製の紡錘車も数多くみつかり、それらの表面に丸い穴と「鉤《かぎ》十字」の印が刻まれていたが、それをシュリーマンは次のようにのべている。

紡錘車のまるい穴はわれわれアーリア人の祖先の中心太陽の印であり、その上にほどこした装飾は聖火の象徴だと解釈した。(『古代への情熱』)

シュリーマンが発掘しているときの連想は逞しいものだった。そして彼はさらに掘り進んだところで、再び堅固な城塞をみつけた。そこでシュリーマンを狂喜させたのは、塔にも似た建築遺構を発見したことであった。この塔はプリアモス王がトロイア戦争の際に戦況をみるために使われたものと考えた。

しかし、それ以上にシュリーマンを喜ばせたのは、五月十七日、金製の装身具類をみつけたときだった。これらは、一八七一年に青銅製の針などを発見したとき以上にシュリーマンを勇気づけた。『イリアス』のなかにトロイアは黄金があふれかえっていると書かれていることは真実である、とシュリーマンは確信をもったのである。そして、シュリーマンは『イリアス』のこの件が脳裏を駆け巡ったに違いない。

駿足のイリスはこういうと立ち去ったが、プリアモスは息子たちに命じて、騾馬《らば》の曳く車輪のよい荷馬車の用意を整え、それに荷を積む台を縛りつけさせると、自分は杉材を用いて天井を高く、芳香漂う納戸《なんど》へ降りて行った。ここには目も眩《くら》むばかりの貴重な品々が多数納めてある。王は妻のヘカベを呼んでいうには、

「不愍《ふびん》な妻よ、どうしたものかな、オリュンポスからわしの許へゼウスの御使者が来られ、アカイア勢の船へ赴いて倅を引き取って来るよう、またアキレウスには、彼の喜ぶ品々を持ってゆけ、とのことであった。それについてそなたはどう思うか、いってくれ。わしとしては、是非ともあの船陣、アカイア勢の広い陣営へ行きたい気がしてならぬのだが」。(『イリアス』第二十四歌)

「プリアモスの財宝」の発見

その翌年、一八七三年はシュリーマンにとって、もっとも輝かしい発掘シーズンとなった。この年の発掘は、それまでのシーズン以上に早めに開始した。一月にはヒサルルックのキャンプにギリシア人の妻であるソフィアもアテネからはいった。

人面付き土器　ヒサルルック第Ⅱ～Ⅲ層、前3千年紀に年代づけられる。この時代独特の土器で、シュリーマンはこれをアテナイ神と結びつけようとした。イスタンブル考古学博物館蔵。

人面付き蓋　ヒサルルック第Ⅱ～Ⅲ層、前3千年紀後半に年代づけられる。土器の蓋として使用されていた。チャナックカレ考古学博物館蔵。

〈左〉ヒサルルック周辺の綿つみ　エーゲ海沿岸は綿の生産が盛んである。10月から11月にかけて綿つみがおこなわれるが、一家総出になっても間に合わず南東アナトリアのウルファ、ガーズィアンテップなどからの出稼ぎに頼らざるをえない。摘まれた綿は大きな布袋にびっしりと詰められてトラックでつぎつぎと運ばれる。綿つみの時期は満載したトラックから飛散する綿で道という道が白くなる。

〈上〉土製の紡錘車　シュリーマンのスケッチ。彼は、紡錘車の真ん中にある穴について「アーリア人の祖先の中心太陽の印であり」、周辺のモチーフは聖火の象徴だと解釈したといわれる。

〈右〉紡錘車　前3千年紀から前1千年紀の紡錘車には文様が刻まれているものが多く、その文様によっておよその年代を想定することができる。チャナッカレ考古学博物館蔵。

一月のヒサルルックはまさしく真冬である。この時期に発掘をおこなうのは、あまりにも無謀である。とてもシュリーマンが正気とは思えない。アクルガル先生がおっしゃったとおりである。一月の早朝は少なくともマイナスに下がり、発掘などできる時期ではない。あえてその時期から発掘を始めようとした背景には、シュリーマンが前年度に金製品を探した周辺を、一日でも早く発掘したかったからにほかならない。
四月初旬、シュリーマンは『イリアス』に記述されている「スカイア門」をついに発見している。それが何を根拠にしているかは定かではないにしろ、その門と一緒に一つの石畳の傾斜路をみつけた。『イリアス』のなかで「スカイア門」はつぎのように記されている。

これを聞いて老王は身を震わしたが、近習《きんじゅう》たちに馬車の用意を命ずると、彼等は素早く命に従った。プリアモスは車に乗り込み、手綱をぐいと手許に引く。王に付き添うアンテノルが、壮麗な馬車に同乗すると、二人は戦場をめざしてスカイア門を潜《くぐ》り、駿足の馬を走らせた。(『イリアス』第三歌)

シュリーマンが発掘した、彼がいういわゆる「スカイア門」へと続く石畳は現存している。ただ、なぜこの石畳の傾斜路が「スカイア門」と結びつくかに関しては、今一つ明確ではない。おそらくシュリーマンはがっちりした構造の石畳から推測した可能性が高い。さらに「スカイア門」に続く宮殿にはほど遠い建築遺構を、シュリーマンは「プリアモスの宮殿」と考えた。これがのちに大きな問題になるとは彼は思ってもいなかった。

そして五月三十一日、シュリーマンは彼なりにヒサルルックをトロイアとする決定的な遺物を発見した。

このきわめて古風なそまつさにかかわらず、堂々たる昇降路は城門に、さらに城主の宮殿に達するにちがいないということは、多分の真実性があった。そこにいたる道を開けるために、いまシュリーマンがこの地点に集めた数百人の人夫は、焼けた陶土の堆積――それが城壁と城門の上層部の日乾煉瓦《ひぼしれんが》であることはのちに明らかになったといわれる――のなかを掘りわけたが、それによってこの堅固な城塞がかつて大火災によって滅んだ証拠があらわれた。

さてこそ、これが破壊されたトロヤであったのだ！　その女を所有するために一〇年にわたる戦いが荒れくるった、婦人のなかでもっとも美しい人が、ここ城門の上からトロヤの老人たちに神の後裔《こうえい》である敵の英雄たちの姿を指ししめしたのであった。ここごそスカイア門であった。（『古代への情熱』）

金製のかんざし

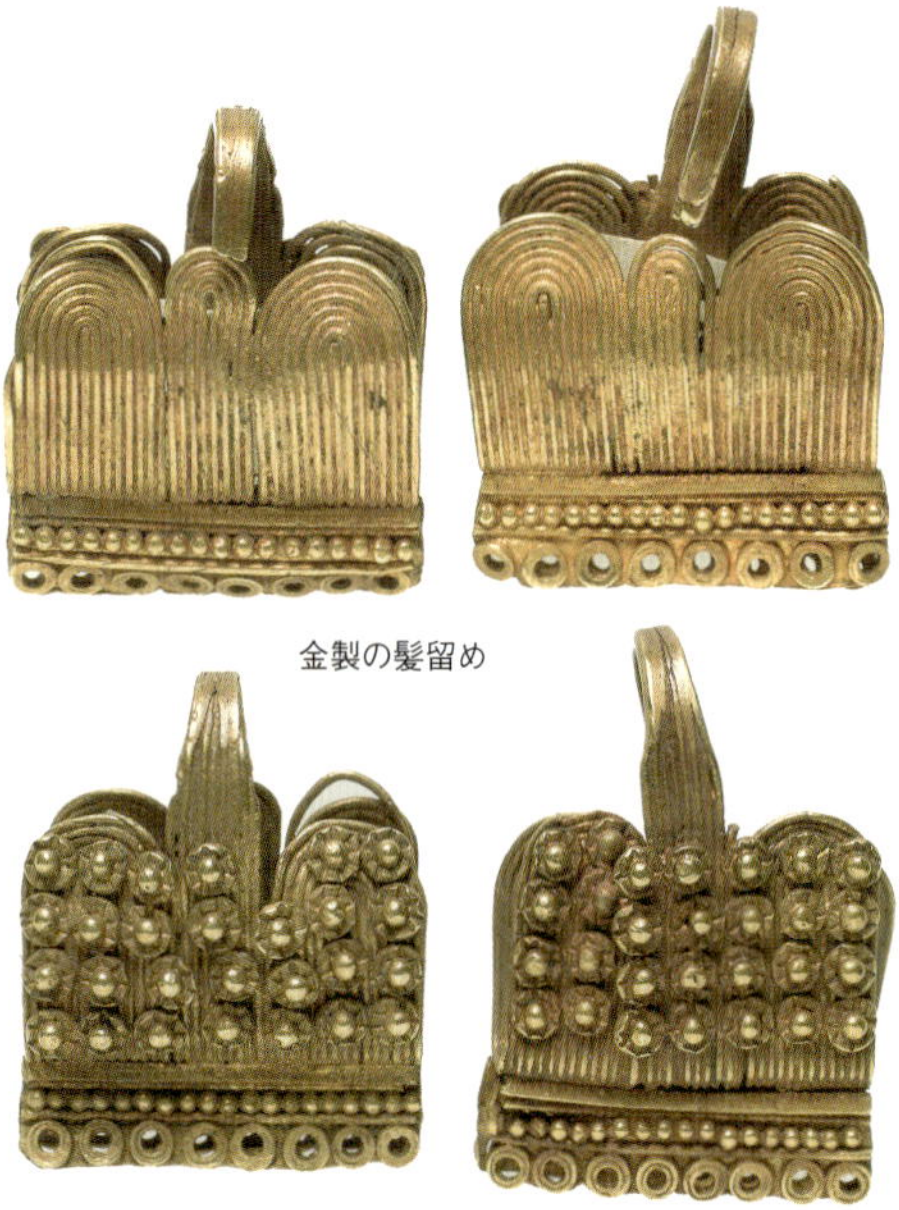

金製の髪留め

金製のかんざし
（スケッチ）

金製のかんざし

ヒサルルック出土の「プリアモスの財宝」　シュリーマンは、トロイアを探し出す条件として『イリアス』に記されている財宝をあげている。彼が望んでいたその財宝を、1873年の発掘調査で発見した。シュリーマンはそれらに「プリアモスの財宝」と名称を与え、現在でもその呼称は使われている。図はシュリーマンのスケッチ。彼がみつけた遺物のなかには数多くの金製の装身具が含まれていたが、いったいそれらがどこから出土したかは今もって不明である。金製品の出土層を、ブレーゲンは第Ⅱg層、コルフマンは報告書などを頼りに精査した結果、前期青銅器時代第Ⅱ層の中間に年代づけた。

シュリーマンが発見した金製品の多くは、現在、モスクワのプーシキン美術館に所蔵されているが、その他のものはイスタンブル考古学博物館、アメリカのペンシルヴァニア大学の博物館に所蔵されている。アメリカのものは2012年9月にトルコに返還されたものの、どのようなかたちでヒサルルックからアメリカへ流れたかは定かではない。イスタンブル考古学博物館に収蔵されているヒサルルック出土の金製品は、シュリーマン、ブレーゲンが発掘したもので、それらのなかには火災を受けた痕跡のあるものもある。

アナトリアの前期青銅器時代後半、アラジャホユックをはじめいくつかの遺跡から金製品が出土している。「金製のかんざし」と記載されている金製品は、アラジャホユックからも類似品が出土している。シュリーマンが発掘した当時、「プリアモスの財宝」の真贋論争はあったが、ブレーゲンの発掘でシュリーマンが発掘したものと同形の金製品を発見したことで終止符が打たれた。スケッチ以外はイスタンブル考古学博物館蔵。

金製の髪留め

火災を受けた
髪留め

金製の髪留め

金製の髪留め
（スケッチ）

金製の髪留め

金製の腕輪（スケッチ）

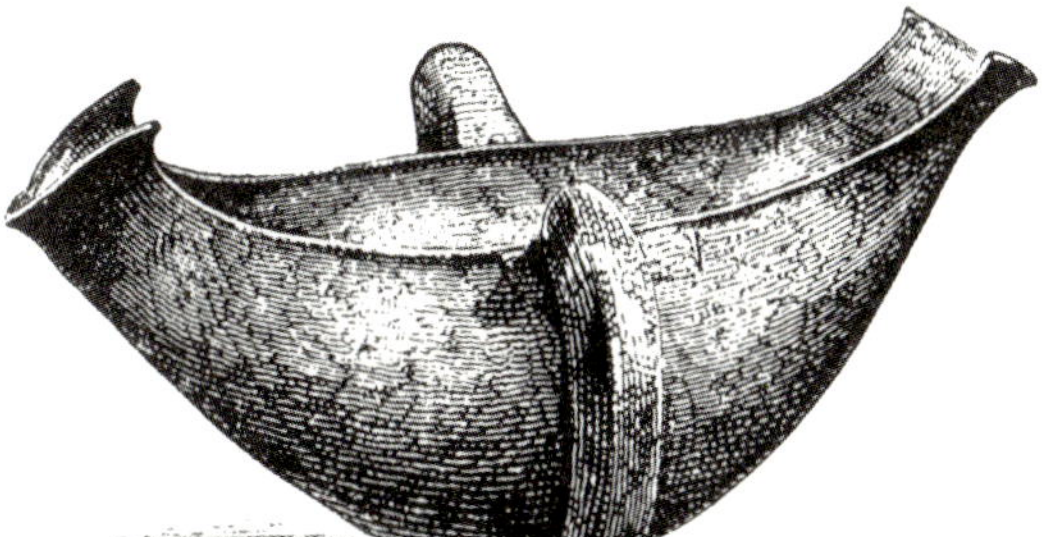

金製の杯（スケッチ）

金製の円板（スケッチ）

この石敷の両サイドでは、火災を受けた城塞がみつかっている。そして城塞のいたる所で火災の痕跡をみつけることができた。五月三十一日、城塞の外側でシュリーマンは「プリアモスの財宝」をついに発見した。金製装身具をはじめ数多くの金製品を発見したのである。

『古代への情熱』にはその日のことが克明に記されている。

まずはじめに彼は城塞の内部を知ろうとつとめたが、そこにはいたるところに火災のあとがあった。さて門の近くで、多くのしかしあまり大きくない部屋からなる一軒の家の貧弱な壁があらわれたとき、それの門に対する位置からして、彼にとってはこの建物こそ、プリアモスの家そのものでなければならないということになった。その家はすでに第二市、すなわち焼けた町の廃墟の上に建てられていたこと、またプリアモスの宮殿はいっそう堂々たる外観をしていたことは、後年にはじめてわかったのである。間もなくこの建物の近くにおける一つの予期しなかった新発見が、その推測を一見実証するかのようにみえた。それは広くひとびとにしられている大量な「トロヤの財宝」であった。（略）

もしそのとき妻の助けがなかったならば、私にとって財宝を取りだすことは成功しなかったであろう。私が仕事をしているあいだ、彼女はそばにあって私が発掘するすべてのものを、彼女のショールにつつんで運ぶのをいとわなかった。数ポンドの重さの黄金の杯《はい》、大きな銀製のかめ、黄金の王冠、腕輪、数千の金の小板を苦心してつらねた首輪、それらは真にこの地方の強力な一支配者の豪華な所有物であったのである。(『古代への情熱』)

彼は八歳のときに目にした挿絵の炎上するトロイアをついに発見したのである。発見した「プリアモスの財宝」に関しては、発見当時は賞賛と懐疑をもって迎えられた。しかし、いずれにしてもシュリーマンは彼が願っていたトロイアにはたどり着いたのである。

イスタンブルの考古局長への書簡

シュリーマンは手紙魔であった。とにかく書いた。ヒサルルックで何かを発見すると、妻のソフィアへ、ヨーロッパの新聞社などへ矢継ぎ早に手紙を書いた。彼の書簡の一部はイスタンブル考古学博物館にも所蔵されている。それはシュリーマンがいうところの「プリアモスの財宝」を発見したときに、イスタンブルの考古局長へ宛てたものである。書簡はじつに興味深いものだった。

六月十九日付で、イリオスの城塞、スカイア門、アテナイ神殿、プリアモスの宮殿をみつけ、間違いなくヒサルルックがトロイアであり、疑問をはさむ余地はまったくないことを書き記している。しかし、そのなかで、出土した遺物をシュリーマンはオスマン帝国と分配することをはっきりと拒否している。なぜならば、シュリーマンはそれを発見するためになんと二十万フランを投資したと告げているのである。シュリーマンの商魂がたくましいといえばいえないわけでもない。投資した分はなんとしても財宝をみつけることによって取り返したいという気持ちを、この書簡から読み取ることができる。これはシュリーマンがあくまで考古学には素人であり、本来は商人そのものであることをみせつけている内容であり、何かシュリーマンの本質を垣間みたような気がしてならない。

現在、アナトリアで発掘をおこなう際に、シュリーマンのように労働者を三カ月間、二百人前後を採用した場合、労賃だけで四八〇〇万円はかかる。当時の労賃は相当に低いとはいっても、シュリーマンはキャンプ諸雑費、運送費用なども含めると、一シーズン、どんなに少なく見積もっても六〇〇〇万円ぐらいは使っていたのではないかと思う。これだけの費用を使って発掘をし、出土遺物はすべてその国に渡すというのはシュリーマンの頭のなかにはまったくなかったことは間違いない。

ただ、当時の欧米が中近東世界でおこなっていた発掘で、出土した遺物を自分のものにしたのはシュリーマンだけではなかった。よく考えてみると、大英博物館にしろ、ルーブル博物館にしろ、そしてベルリン考古学博物館にしろ、そこにはトルコ、エジプト、メソポタミア、シリア、イラン、ギリシアをはじめ中近東世界の数多くの遺跡から出土した遺物が大量に展示されているし、収蔵庫にも数多く眠っている。

それらの多くは十九世紀から二十世紀の前半までに各地の遺跡から運び出されたもので、その際に持ち出し許可に関わっていたのが、当時の中近東世界の盟主であったオスマン帝国であり、その帝国内で発掘した遺物を本国へ運び出すのは発掘者にとっては当然のことだった。それを考えると、シュリーマンの行動は何も特別なものではなかったといえよう。

宮殿と財宝の場所は一致するか

一八七三年に発見したシュリーマンのいうところの「プリアモスの財宝」、そしてトロイアの発見は、彼を欧米のマスコミ界の寵児にした。各国から講演の依頼が舞い込み、シュリーマンは対応に忙殺された。そして彼が発見したヒサルルックが間違いなくトロイアであるのかどうかの論争に巻き込まれたことはいうまでもない。シュリーマンの発見に反論する者に対して、彼は異常といえるほどまでの反撃を加えている。

一八七八年十月、シュリーマンは約五年ぶりにヒサルルックの再発掘にとりかかった。このシーズンの主目的は「プリアモスの宮殿」であり、「プリアモスの財宝」を発見した場所の再検証であった。これはシュリーマンが発見した「プリアモスの財宝」の出土地点に対する論争に終止符を打つためでもあった。

しかし、よく考えてみると、一八七三年にシュリーマンが「プリアモスの財宝」をみつけた場所は、どのように考えても城塞内ではなく城塞外であった。これを城塞外にすると「プリアモスの宮殿」と「プリアモスの財宝」は一致しなくなる。それを解決することが一八七八年の主目的でもあった。

そして彼が「プリアモスの宮殿」といった粗末な建築遺構を取り除くかたちで調査を進め、その周辺の発掘で一八七三年に発見したものと同類の金製の装身具類を発見している。このことがヒサルルックをトロイアであるとするシュリーマンの考えをさらに強めることになった。

ただ、彼が「プリアモスの宮殿」と自分で命名した建築遺構を取りはずしたのは、のちに禍根を残す結果となった。いかに粗末であろうが、いかに批判されようが、建築遺構に関する詳細の記録を残してから取りはずすべきであった。この行動は、発掘する者が絶対にやってはいけないことであるし、シュリーマンの汚点として今でも残ったままだである。

このシーズンに発掘した遺物は、トルコ側と折半することになった。これはトルコ側が発掘許可を出すうえでの条件になっていた。シュリーマンの発掘した出土品の一部がイスタンブル考古学博物館に展示されているが、それらの多くはこのシーズンに出土したものである。そのなかには強い火を受けた金製のイヤリングも含まれている。イスタンブル考古学博物館が所蔵しているトロイアの金製品、青銅製品の一部は、第Ⅱ層の火災層から出土したものである。

フィルヒュウとの出会いと一八七九年の発掘

発掘での一大発見によって、学界で考古学者が賞賛されると思ったら大間違いである。どちらかといえば、発見したあとのほうが発掘者にとっては苦労が絶えない。考古学の世界とは不思議な世界である。何かを発見した者に対して、褒め讃えるよりはまず懐疑の目で接する。その発見が事実かどうか、あるいはもっと酷いものになれば、それが捏造か否かを論じられることさえある。

一九六一年、中央アナトリアのチャタルフユック遺跡で新石器時代の町が発見された。発見者はイギリスの若き考古学者J・メラートだった。遺跡の表土層を取りはずして間もなく新石器時代の町を発見し、建築遺構内からは狩猟場面などが描かれた素晴らしい壁画、そして数多くの土偶、いわゆる地母神像が発見された。これは正しく当時としては大発見であった。しかし、メラートは出土遺物を国外に持ち出し、ヨーロッパ市場に流したとの嫌疑をかけられ、一九六六年、トルコから永久追放されたのである。その真意はいまだに定かではないが、少なくともメラートの発見は多くの研究者から羨望されたことだけは間違いない。

一八七三年の「プリアモスの財宝」発見以降、案の定、シュリーマンは誹謗、中傷に悩まされた。これは想像を絶するものだったに違いない。ドイツの片田舎に生まれ、『イリアス』に導かれ、そしてなんとか彼なりのトロイアを発見したことがこれほど非難をされるとは、シュリーマンはまったく予想もしなかっただろう。考古学の素人が一つの目的へ邁進したことには、賛否両論があった。母国であるドイツにおけるシュリーマンに対する批判は、彼をますますかたくなな者にしてしまった。シュリーマン批判は、ドイツの考古学界にはいまだに残っている。シュリーマンは「プリアモスの財宝」の寄贈先を最終的にはドイツとしたが、その前はイギリスを考えていたことなどからも、当時のシュリーマンの胸中を推し量ることができよう。

おそらく、一八七三年の「プリアモスの財宝」の発見で自分の予想とは反して孤立無援となり、シュリーマンは孤独に苛まされていたのではないかと思う。それに救いの手をさしのべたのが、七五年に出会ったドイツ人の病理学者R・フィルヒュウだった。フィルヒュウに巡り会ったことは、シュリーマンにとっては大きな救いであった。この出会いがその後のシュリーマンの発掘に大きな影響を与えたといえよう。

この病理学者はシュリーマンの招待を受けて、ヒサルルックの発掘に参加している。フィルヒュウという著名な研究者を利用して、発掘現場を権威づけようとした節もうかがえなくもないが、彼の目論み以上に、シュリーマンはフィルヒュウの誠実な人柄に惹きつけられ、生涯において初めて心を開く唯一の友人となった。

フィルヒュウは、シュリーマンの著書である『イリオス』の序文も引き受けたし、シュリーマンの妻であるソフィアが精神的に不安定な状態になったときでも適切なアドバイスをしている。フィルヒュウは、ドイツの人類学会にシュリーマンを推挙し、彼はその会員にもなった。また、フィルヒュウはトロイアを訪ね、その周辺から出土している人骨の調査もおこなっている。

七九年の発掘でも、七八年同様わずかではあるが金製品がみつかっている。しかし、この発見よりシュリーマンにとって重要だったのは、フィルヒュウがヒサルルックに訪ねてきてくれたことだったに違いない。それまでのシュリーマンは、ただがむしゃらに発掘をおこなっていた。それは素人の発掘にすぎなかったし、その発掘方法に誰一人として進言する者もいなかった。つまり、わずかでも彼の考えに反する者に対しては徹頭徹尾、完膚なきまでに相手を打ちのめすといったシュリーマンの偏屈な性格も災いして、彼の発掘と発見に対して懐疑をもたれることはあれ、考古学の研究者のなかで明確に彼を支持するものは極めて少なかった。そのようななかで、どうしたことか、シュリーマンの態度がフィルヒュウにだけには違っていた。フィルヒュウが考古学とはまったく離れた分野の研究者であったことも幸いした。

一八七九年、フィルヒュウがヒサルルックの周辺で植物を採集したことにより、まったく違う角度からの研究がシュリーマンの報告に付け加えられることになった。ヒサルルックの周辺の地質にシュリーマンが興味を抱いたのも、ヒィルヒュウの影響があった。「プリアモスの財宝」を最終的にドイツへ寄贈したのも、このフィルヒュウからの助言が大きかったといわれている。

遺物の出土地点を明確にする

シュリーマンがおこなった一八七〇～七三、七八、七九年の発掘は、まさにヒサルルックがトロイアであるとする仮説を証明するためのものだった。既述したように、シュリーマンの発掘によってトロイア論争が始まったことは、一つの成果であった。それは間違いなくシュリーマンの功績といってよい。それも『イリアス』という叙事詩を基に発掘し、彼なりのトロイアを発見したのである。当時の欧米で驚きをもって迎えられたのは当然のことであった。これまで架空の世界とみられていた『イリアス』のトロイア戦争が、シュリーマンは実際にあったと発表したのであるから、当時の研究者にも衝撃が走ったことはいうまでもない。

しかし、その発掘の結果は限りなくシュリーマンの仮説であり、彼が発見したのは前期青銅器時代の城塞であり、前二千年紀後半に起きたといわれるトロイア戦争より千年も古いものだった。

発掘の過程では、遺物の出土地点の確認が極めて重要である。シュリーマンは、アテネにあるフランス考古学研究所のE・ビュヌルフから、遺物の出土地点を明確にしておくべきであるとアドバイスを受けている。大量に出土してくる遺物の前で途方に暮れていたシュリーマンにとっては、ビュヌルフのアドバイスは一つの救いだったのかもしれない。一つ二つの遺物の出土地点は記憶に留めることができる。しかし、その数が多くなればなるほど、遺物の出土地点を明確にすることは記憶だけでは困難である。それ以降のシュリーマンは、遺物の出土地点を明確にしようと努めている。

発掘にかかわる者にとってもっとも重要な作業の一つは、出土遺物がいったいどこからみつかったかを正確に報告することである。既述したことだが、発掘調査で出土する遺物量は半端なものでない。発掘者だけしかみることのできない膨大な遺物のなかから自分に都合の良い資料を恣意的に取り上げれば、自説を唱えるのはそう難しいことではない。不都合なものに目もくれなければよいのである。それによっても一つの理論は生み出すことはできる。

シュリーマンがそのようなことを意識的におこなったのかどうかについては、いまだに論争されているところである。ただ、シュリーマンの発掘がヒサルルックの北の裾部から遺丘の中心部に向かって掘り進んでいったことにより、新旧の遺物をごちゃ混ぜにしてしまったことだけは紛れもない事実だった。「プリアモスの財宝」といわれた遺物が一カ所から出土したものなのか、それとも数カ所からなのかは今もって謎のままである。

デルプフェルトとの出会い

シュリーマンが、五シーズンにわたっておこなっていた無手勝流の発掘を根本的に変貌させ、新たなる方法を採り入れさせたのが、ドイツの建築家W・デルプフェルトであった。それまでの

牡鹿製スタンダード（軍旗）　アラジャホユックの前期青銅器時代のスタンダード。竪穴式石郭墓内から出土しており、胴部に銀の象嵌（ぞうがん）が施されている。葬送儀礼に使用されたと考えられている。アナトリア文明博物館蔵。

鉄剣　アラジャホユックの前期青銅器時代後半の鉄剣。竪穴式石郭墓内から出土しており、現段階では隕鉄(いんてつ)製と考えられている。製鉄技術がいつどこで始まったのかを論じるうえでは貴重な資料といえる。アナトリア文明博物館蔵。

金製嘴(くちばし)形水差し　前期青銅器時代後半は、ヒサルルックからだけ金製品が数多く出土したわけではない。中央アナトリアのアラジャホユックの前期青銅器時代、前3千年紀後半に年代づけられる竪穴式石郭墓内からも数多くの金製品が出土している。アナトリア文明博物館蔵。

シュリーマンの発掘の方法を、デルプフェルトは完全に変えてしまった。発掘者がそれまでのやり方を変えることは容易なことではないし、生易しいものではない。発掘方法を大きく変えることは、シュリーマン自身もかなりの勇気が必要であったろう。それも彼より三十歳以上も若い建築家の意見に耳を傾けたのである。それは決して簡単なことではなかったはずだ。シュリーマン自身、それまでやってきた掘り方に迷いが出てきていたのかもしれない。あるいは発見するものをすべて発見したことで、他人に耳を傾けるだけの余裕が出てきていたのかもしれない。

一八八二年、デルプフェルトをヒサルルックへ招き入れたことで、層序を中心とする発掘へとシュリーマンも大きく舵を切った。それはヒサルルックにとっても、幸運なことだった。デルプフェルトも、ホメロスの叙事詩を史実として全面的に信じ切ったうえでの参加だったに違いない。そうでない限り、シュリーマンは彼をヒサルルックに招くことはなかったのではないかと思う。

デルプフェルトの層序を中心とする発掘方法を受け入れ、一から修得しようとしたところにシュリーマンの凄さがある。いつの時代の発掘者にも同じことがいえるのだが、発掘方法に関して他の研究者からアドバイスされ、それに従う話はあまり聞いたことはない。どちらかというと、反発してしまうことのほうが多い。時にはそのような研究者に対しては頑《かたく》になり、発掘現場から遠ざけてしまうのが一般的である。

一八八一年、ギリシアのオリンピアで調査をおこなっていたデルプフェルトは、シュリーマン夫妻を発掘現場に案内している。シュリーマンが、考古学者としての名声を欲しいままにしていた時期であった。弱冠二十八歳のデルプフェルトは、欧米でシュリーマンに対する異論があるとはいいえ、ホメロスのトロイアを発見した考古学者として不動の地位をつかんでいたことは承知していた。デルプフェルトにとってシュリーマン夫妻の案内は、またとないよい機会になった。このオリンピアの発掘現場を案内しながら、デルプフェルトは丹念にオリンピアの遺跡にはどのような文化が堆積しているかを伝えたといわれる。

一八八二年、デルプフェルトをヒサルルックに招聘し、発掘を任せ、シュリーマンは周辺の遺跡踏査に出かけた。このことからもいかに彼を信頼していたかを知ることができよう。発掘が進むなかで新しく、それも若手の研究者を招き入れ、発掘の総指揮を任せるのは、かなり大胆な方向転換であった。しかし、それがその後のヒサルルックの発掘に大きな影響を与えたことを考えると、デルプフェルトの招聘は、シュリーマンの大きな功績の一つではなかったかと私は思う。そして、デルプフェルトと共同作業をしたことにより、シュリーマンは単なる考古学の好事家から真の研究者へと大きく変貌したことだけは間違いないといえよう。

一八九〇年の発掘とシュリーマンの死

シュリーマンの一生はヒサルルックとミケーネの発掘に明け暮れた。彼の最期になった発掘シーズンは、一八九〇年の三月初頭から七月末まで続いた。この発掘の目的は、神殿Aから下の町へと通じる道を確認することであった。このシーズンの発掘は、以前のシュリーマンのものとは明らかに違うものだった。探そうとしているものは、「プリアモスの宮殿」の全貌だった。それまで多くの批判を浴びていることに対して、きっちりとした解答をみつけ出すことに集中した。しかし、シュリーマンはついにその答えをみつけることはできなかった。この頃になると、依然として中傷はあったものの、彼は当時の考古学者が束になってもつかむことのできない名声のすべてを手に入れていた。それがためであろうか。一八九〇年のシュリーマンの発掘には、以前の迫力はどことなく感じられなくなっていた。

そのシーズンはあまりの暑さで七月三十一日に発掘を中断し、シュリーマンはアテネに戻り、ヒサルルック発掘の概報を書いた。シュリーマンはそれまで彼を苦しめていた耳の手術を受けることにした。しかし、彼は耳の手術ぐらいで休もうとする人間ではなかった。十一月に手術を受け、すぐさまつぎつぎと仕事をこなしていった。

手術後の無茶ともいえる行動を、誰も止めることができなかった。

最期に彼はポンペイを訪ねている。初めて発掘を目にした遺跡であった。彼にとってのトロイアの発掘の原点でもあった。体調が悪いにもかかわらずポンペイを訪ねたのは、どこかわかるような気がする。今一度、自分がたどった道程をポンペイで確かめたかったのではないか。

十二月二十六日、シュリーマンは耳の手術後の悪化からナポリの路上で倒れた。それはあまりにも突然のことだった。トロイア発見のためにただただ走り続けた一人の考古学者の最期だった。アテネでおこなわれた彼の葬儀には、ギリシアの国王をはじめ多くの友人が列席した。デルプフェルトの弔辞が、シュリーマンの生き方をじつによく物語っている。

「安らかに休み給え、きみは十分に仕事をなしとげた」。(『古代への情熱』)

シュリーマンの死後、トロイアは弔辞を読んだデルプフェルトに委ねられた。

シュリーマンの発掘でわかったこと

一八七〇年から五シーズンにわたって単独でおこなったシュリーマンの発掘は、結果としていったい何を残したのだろう。

彼の発掘でヒサルルックがトロイアであるとする根拠をみつけたというのだろうか。彼がトロイアをみつけ出すうえでの最大の拠り所にしていたのは、ホメロスの叙事詩『イリアス』であった。そのなかで綴られているトロイアの陥落、興奮しながら目にした挿絵のなかのトロイア炎上の光景を求めて、城壁、火災の痕をみつけるのが最大の目的だった。

彼はヒサルルックの発掘に取りかかる前に、『イリアス』に基づいてトロイアの位置を明確にしようとする作業をおこなっている。これは今でいうところの発掘前の事前調査になる。そしてカルヴァートに会い、そこでいろいろな情報を得たことにより、ヒサルルックに徐々に近づいていく。それは遺跡周辺での聞き取り調査であり、現在アナトリアで発掘調査の前に必ずおこなうことでもある。その点からいえばシュリーマンは、それほど的のはずれた調査をしたわけではない。

発掘調査で一番難しい問題の一つは、発掘している文化層の年代決定であろう。決めるうえでは確認した建築遺構と一緒に出土する遺物を観察する必要がある。その遺物も一つや二つではない。ほぼすべての遺物に目をとおす必要がある。それをどれだけ丹念にやるか否かが、時代を決定するうえでは大きな鍵になるし、目的に限りなく近づくことができる道筋なのである。

ある文化層を発掘調査しているときに、その文化層に対して先入観念が先行している場合は、とくに気をつけなければならない。一つでも己の推理、仮説を裏づけるような遺物をみつけると、他の遺物に対してはほとんど目もくれなくなるからである。これは発掘調査をしている研究者であれば、誰でも体験していることではないか。それを防ぐためには、時間と、周りに幾人もの研究者が必要であろう。時間とは反芻胃のごとく、その出土遺物がその時代をあらわすか否かを慎重に考える時間のことであり、幾人かの研究者とは冷静に判断できる者との接触を意味する。それを怠ると、独りよがりの研究になっていくことが往々にしてある。

研究者間の交流ということがよくいわれる。最近では研究者間での国際交流といわれることもある。しかし、これを実際におこなうのは、決して不可能とはいわないまでも、極めて難しいことではないか。時間と費用をかけて一つの文化層を確認し、そして遺物を発見したときは、それなりの充足感がある。そして折角みつけた建築遺構、遺物を多くの研究者に公開することが、いかに難しいことかを発掘者は痛いほどよく知っている。研究を進めていくうえでは、多くの研究者の力を借りなければならない。それをおこなうのは、かなりの勇気が必要であろう。ふと気がつくと往々にして、いつしか自分の考えを支持してくれる研究者だけを集めていることがあるし、それすら気づかないまま、自説を唱えている場合もある。

シュリーマンは、ヒサルルックをトロイアであるとする仮説を最終的には証明することができなかった。彼が発見した火災を受けた城塞にしても「プリアモスの財宝」も、デルプフェルトが構築した文化編年では、第Ⅱ層、つまり前三千年紀の前期青銅器時代に年代づけられ、トロイア戦争のあった時代のものではないことが明らかとなった。

このような結果を踏まえたうえでも彼の発掘の成果の一つとしていえることは、大がかりな発掘をおこない、彼なりのトロイア発見が、当時の欧米の考古学界に大きな影響を与えたことであろう。そして、考古学界にトロイア戦争が実際にあったか否かなどの問題を提起したことも、一つの成果であったといわざるをえない。

彼の発掘の目的はトロイアを探すことであったが、それは結論としてはできないまま終わってしまった。そのありかを探すために叙事詩を使ったこと、そしてそれを証明するために彼にとって都合のよい考古資料を取りあげたことなどは、ある意味では強引に自説にもち込むための手法であった。その結果としてシュリーマンなりのトロイアにはたどり着いたものの、それはあくまでもまったく違う古代の町の城塞であり、金製品も後期青銅器時代の「プリアモス」のものではなかった。シュリーマンにとってのトロイアは、やはり幻でしかなかったのである。

第七章　シュリーマン以後の発掘

一八八二年、シュリーマンに協力するかたちでデルプフェルトは、ヒサルルックで三月初旬から七月中旬まで作業をおこなった。約三年ぶりの発掘であった。この発掘のなかでもっとも注目されたのが、デルプフェルトの緻密なまでの作業であった。発掘中にデルプフェルトはそれまでシュリーマンがみつけた建築遺構の実測を徹底的におこない、一八七三年に出土した石畳と遺跡の中央部でみつかったメガロン形式の建築遺構が、同時期であることなどを解明した。

火災層を第Ⅱ層に変更

メガロン形式の建築とは、前三千年紀、前期青銅器時代の建築形態であり、その起源がギリシアかアナトリアかについてはいまだに論争されている。この形態は長方形で、前室と主室とからなり、そして前室には二本の柱が配置されている。また、主室のほぼ中央部には径約一・五メートルを超す炉がある。この建築形態は、前三千年紀後半の前期青銅器時代において宮殿建築として採用されており、シュリーマンが発掘した第Ⅱ層には、デルプフェルトの調査ですでにメガロン形式の建築遺構が東西に走るかたちで南北に並列して存在していたことが確認されている。また、このメガロン形式の建築遺構は、第Ⅱ層直下の第Ⅰ層でも確認されていることを考えると、第Ⅱ層の建築は第Ⅰ層からのものを継承していると考えることができよう。

とくにシュリーマンがそれまで第Ⅲ層としていた火災層を、デルプフェルトの考えを入れて第Ⅱ層にしているところは、考古学の基本でもある層序をデルプフェルトから丹念に教わったことに起因しているといえよう。

さらにデルプフェルトは、シュリーマンの死後一八九三、九四年の二年間、シュリーマンの夫人であるソフィアから援助を受けてヒサルルックの発掘をおこなっている。彼は一八八二年のときと同様、シュリーマンが発掘した建築遺構、層序を丁寧に調べあげ、今なお多くの研究者に使われているヒサルルックの九つの層序を明らかにした。

デルプフェルトの断面図

現在、トルコの文化・観光省の史跡・博物館総局、通称考古局の二階の廊下には、ヒサルルックの断面図がパネルになって掲げられている。この断面図は、ヒサルルックの研究するうえでは基本になるものであり、そのオリジナルになる図面はデルプフェルトの成果に依るところが多い。つまり、デルプフェルトはシュリーマンのそれまでの発掘を批判することなく、層序について一つ一つ丁寧に説明をし、シュリーマンからの信頼を勝ちえたのである。これは言葉のうえでは簡単だが、おそらく容易なことではなかったのではないかと推測する。

一八八二年のヒサルルックの発掘では、シュリーマンはデルプフェルトに任せきりになり、ほとんど口出しをしていない。一八七〇年から七三年までヒサルルックでおこなった発掘でのシュリーマンの動きからいうと、八二年の静かなシュリーマンを想像することができない。

これは一八八一年の段階でそれまで発見した、いわゆる「プリアモスの財宝」をはじめとするヒサルルック出土の遺物をドイツのベルリン市に一括寄贈し、シュリーマンが名誉を得たところにあったのかもしれない。つまり、子どもの頃から熱望していたトロイアを発見し、ヨーロッパ世界からは驚嘆と尊敬の念をもって迎えられ、そのうえ、「プリアモスの財宝」などトロイア出土の遺物をドイツへ寄贈し、名誉市民の称号を得ることで彼自身は人生で欲するものをすべて手中に収めたことが背景にあったからかもしれない。そこにデルプフェルトが登場してきたのであるから、どこかシュリーマンには彼を認めるだけの余裕すら感じるのである。

ただ、このデルプフェルトがヒサルルックにはいったことにより、それまでシュリーマンが打ち立てた仮説のいくつかは否定されることになった。

しかし、一つどうしても理解できないのは、デルプフェルトほどの俊英がまったく抵抗することなくシュリーマンの考えに従っていることである。つまり、ヒサルルックはトロイアであるとするシュリーマンの大前提に対して、ほとんど懐疑することなく信奉しているところである。も

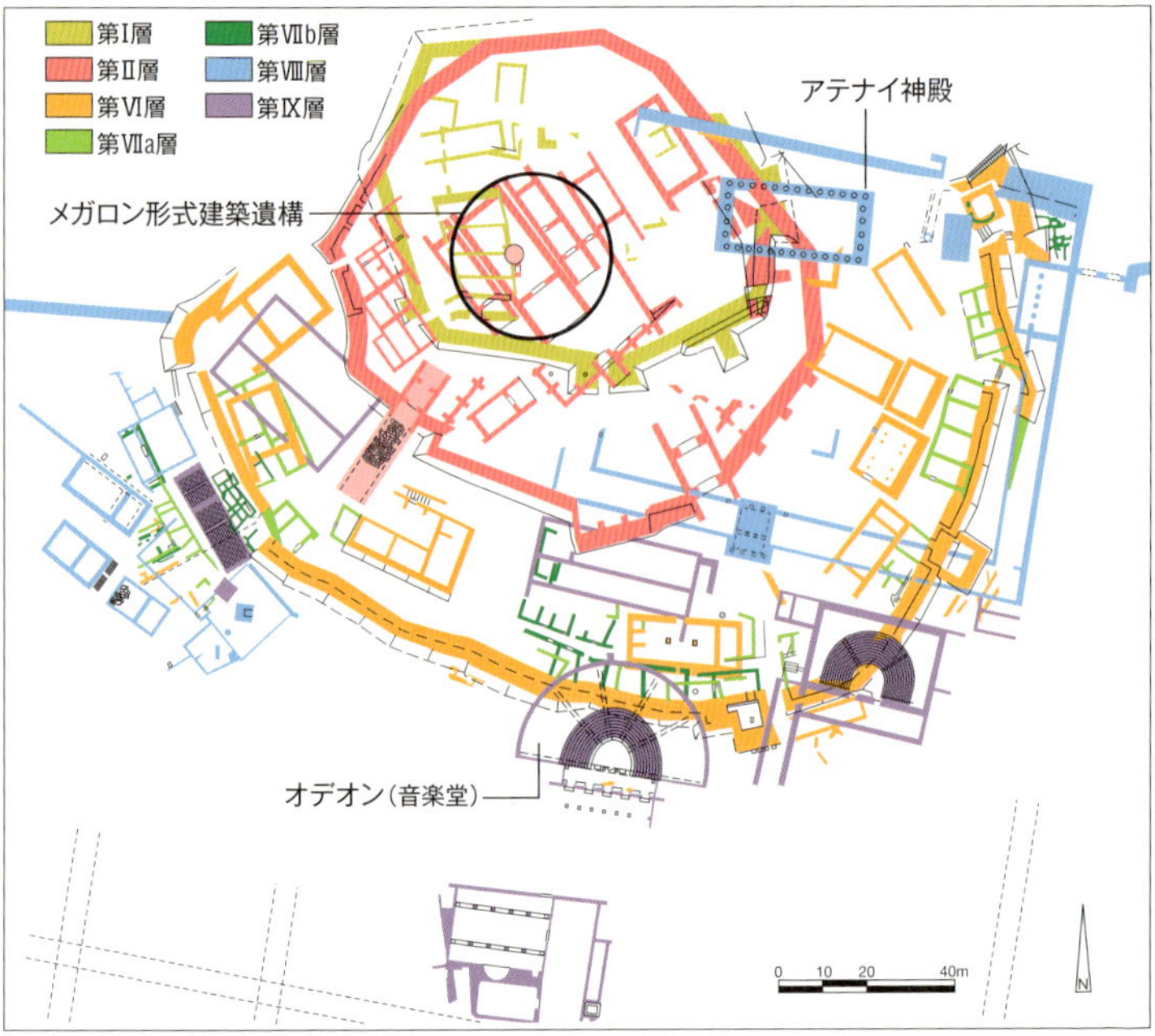

ヒサルルックの各時代の建築遺構概観図

シュリーマンからコルフマンまで、ヒサルルックは徹底的に掘り尽くされた。発掘調査で9層が確認されているが、現在でもよくみることができる建築遺構として、Ⅰ層、Ⅱ層、Ⅵ層〜Ⅸ層のものである。それらのなかでもⅡ層、Ⅵ層の城塞、城門などは見事なかたちで残っており、ヒサルルックがその時期に繁栄したことを物語っている。Ⅲ層からⅤ層の建築遺構は、ほとんどみることがない。それらの多くは発掘調査で取りはずされたこともあるが、それ以上に、Ⅵ層、さらにはⅧ層からⅨ層のアテナイ神殿などの大形の建物が立てられた際に取り除かれた可能性のほうが高い。

ヒサルルック第Ⅰ層メガロン　第Ⅰ層のメガロンの基礎部分を基に復元。それを覆いで保護している。前期青銅器時代の建築形態であるメガロンが第Ⅰ層から検出されていることは、前3千年紀初頭には宮殿といわれているこの建築形態がすでに存在していたことになる。

共通する城塞の建築技法　下の写真ヒサルルック第Ⅵ層の522メートルの長さを超す堅固な城塞(58、59ページの写真も参照)を観察すると、8〜10メートルの長さの石壁が鋸状に組まれている。この鋸状の形態は、上の写真ヒッタイト帝国の都ボアズカレ(旧名ハットゥシャ、アナトリア考古学ではボアズカレの旧名ボアズキョイを使用する)の城塞にも認められる建築技法であり、おそらくアナトリアの後期青銅器時代に編み出され、各地でもちいられたものではないかと思われる。ボアズカレの城塞には、王門、突撃門、獅子門などがあり、いずれも保存状態は良好である。

ちろんシュリーマンの考え方に賛同しない限り、ヒサルルックの発掘は当然のこととしてデルプフェルトに任せることはなかったはずだ。これも一つの推測にすぎないが、デルプフェルトもまた、シュリーマン同様、子どもの頃から『イリアス』、『オデュッセイア』の叙事詩の世界のなかで育ち、彼の深層心理のなかにそれらに対する微動だにしない憧憬があったのではないかと思う。そうでもない限り、ギリシアのドイツ考古学研究所に奉職していたデルプフェルトがヒサルルックにはいることはなかったと思うし、シュリーマンの死後、彼の未亡人であるソフィアに依頼されて再度ヒサルルックを再発掘することはありえなかったはずだ。

デルプフェルト独自のヒサルルック発掘は、一八九三、九四年の二シーズンにわたっておこなわれた。デルプフェルトはシュリーマンが発掘しなかった遺跡の南西裾部、東裾部の調査をしている。この発掘でデルプフェルトの最大の功績は、ヒサルルックの層序を明確にしたことであった。一九〇二年にはヒサルルックの南北を分断する形で断面図を描いた。そしてヒサルルックには九都市が重層していることを突き止めた。

トロイア第Ⅰ層　前三〇〇〇～前二五〇〇年
トロイア第Ⅱ層　前二五〇〇～前二二〇〇年
トロイア第Ⅲ～Ⅴ層　前二二〇〇～前一五〇〇年
トロイア第Ⅵ層　前一五〇〇～前一〇〇〇年

トロイア第Ⅶ層　前一〇〇〇～前七〇〇年
トロイア第Ⅷ層　前七〇〇～紀元前後
トロイア第Ⅸ層　紀元前後～五〇〇年

その後デルプフェルトは、作成した「文化編年」を基に、トロイア戦争は第Ⅵ層の末、第Ⅵh層にあったとする説を発表した。第Ⅵh層が激しく破壊されていたことを一つの根拠としたが、決定的な証拠をみつけたわけではなかった。おそらくデルプフェルトも、『イリアス』のなかに描かれている「トロイア戦争」、そしてその結果生じる「破壊」を一つのストーリーとして描き、発掘をとおしてそこへ追いつめていった節がなきにしもあらずである。確かにデルプフェルトも、シュリーマンと同様に『イリアス』を史実として信じていた感がある。

ブレーゲンの発掘調査

シュリーマン、デルプフェルトが発掘調査をおこなったのち、トロイアには静けさが戻った。また、瓦礫が露呈する遺跡に戻ったのである。そしてそれから約四十年後、再びトロイアに一人の考古学者がはいってきた。

一九三二年から三八年までの七年間にわたってヒサルルックで発掘をおこなった、アメリカのシンシナティ大学のブレーゲンである。このブレーゲンの発掘は、デルプフェルトが構築した層

〈右〉C・W・ブレーゲン　アメリカのシンシナティ大学教授。第二次世界大戦前の1932〜38年にヒサルルックで発掘調査をおこない、デルプフェルトの構築した「文化編年」を48建築層に分類、アナトリア考古学の基礎を築いた。ブレーゲンは第Ⅶa層をトロイア戦争の舞台とした。

〈下〉ブレーゲンのトロイ発掘報告書　ヒサルルックの発掘調査報告書として、アナトリア考古学研究ではいまだに使われている。出土した遺物、建築遺構を層序に沿って分類していることと、できるだけ多くの出土遺物を報告しているのが特徴である。報告書ではなんら躊躇することなくトロイ、つまりトロイアをタイトルに使っている。

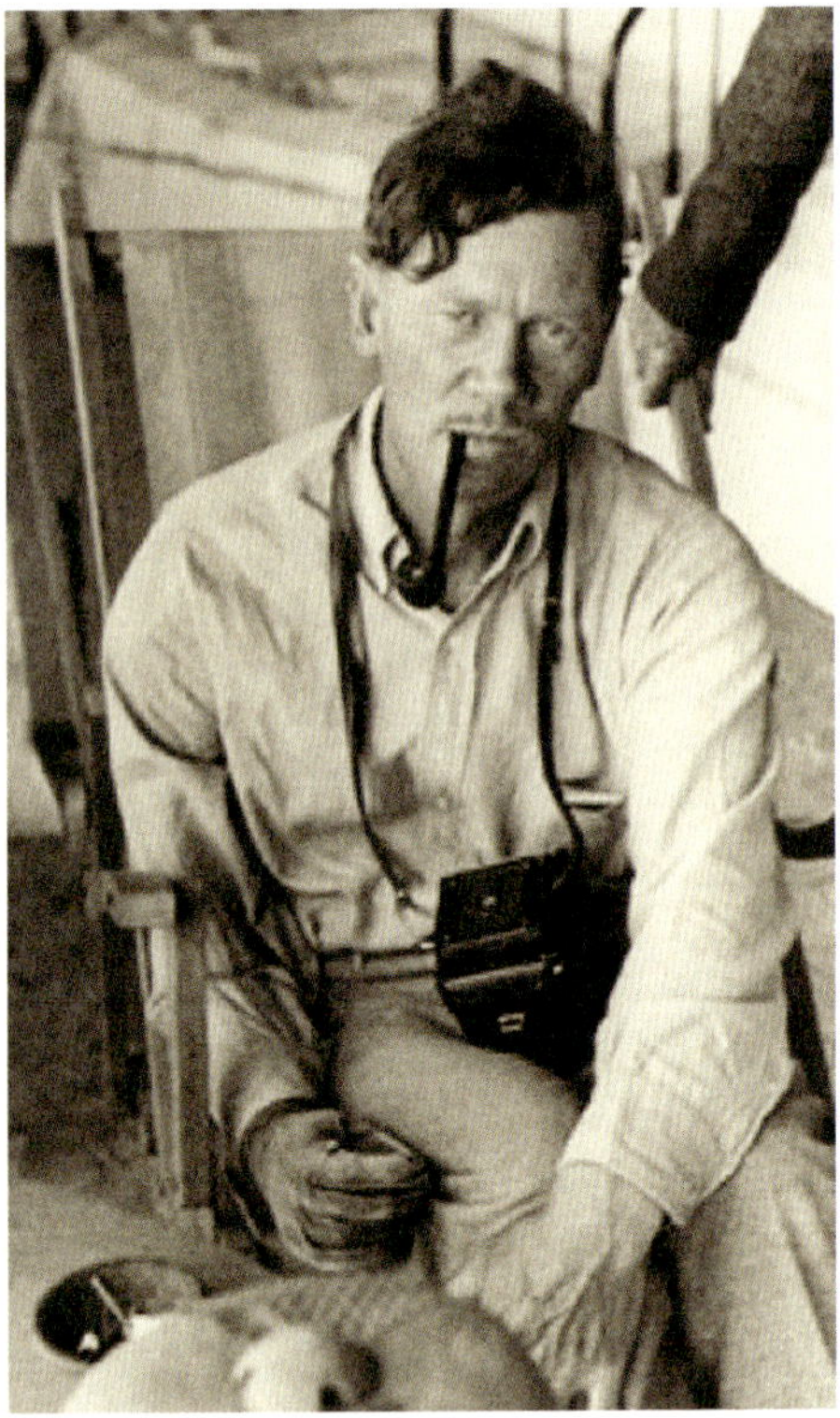

M・コルフマン　ドイツ・チュービンゲン大学先史学研究所所長。アナトリアのデミルジホユック(1975〜78年)、ヒサルルックのそばのベシケテペ(1982〜87年)などで発掘調査をおこない、その後、1988年から2005年までヒサルルックの発掘調査を指揮した。2005年8月11日死去。

T・オズギュッチ教授の蔵書　教授は1950年から2005年までのあいだ、アナトリア考古学界で中心的役割を演じ、多くの遺跡の発掘調査にあたった。1948年から57年間にわたってキュルテペ遺跡で発掘調査をおこない、前2千年紀前半の編年を確立した。オズギュッチの死後、2010年、すべての教授の蔵書はアナトリア考古学研究所の図書館へ寄贈された。

序を基におこなわれた。デルプフェルトが示した九層のなかにさらに四十八建築層の存在を確認した。この発掘調査の結果は、それ以降のアナトリア考古学の一つの手本ともなった。

このブレーゲンの発掘調査は、確かに組織的であり、極めて科学的な調査であったが、ブレーゲンもデルプフェルトにしても、同じ道をたどったといわざるをえない。つまり、ブレーゲンもデルプフェルト同様、シュリーマンが最初に唱えたヒサルルックがトロイアであるという考えをなんら疑うことなく踏襲してしまったことである。ブレーゲンが報告書のタイトルに「Troy（『トロイ』）」と堂々とうたっていることからも一目瞭然であるし、トロイア戦争を後期青銅器時代末に同定していることからも、ブレーゲンのシュリーマンへの心酔ぶりをうかがうことができる。

コルフマンの発掘調査

そして、ドイツ・チュービンゲン大学のコルフマンは、ブレーゲンが調査を終了したのち、五十年も経ったところで再びヒサルルックの発掘に取りかかった。一九八八年にコルフマンは、デルプフェルト、そしてブレーゲンの発掘調査の結果を基本としながら、これまでに残されていたわずかな箇所の発掘をおこなった。

彼はヒサルルックで発掘にはいる前に、一九八一年から八八年までヒサルルックの南西約八キロに位置するベシケテペで発掘をおこない、前期青銅器時代の文化層の調査を丹念におこなっている。これはヒサルルックの発掘調査をおこなううえでの準備でもあった。

コルフマンはヒサルルックでの八シーズンの発掘調査で、炭素年代測定法を駆使しながらデルプフェルト、そしてブレーゲンが構築した文化編年の再構築を試みている。ブレーゲンの第Ⅱ層を第Ⅱ層と第Ⅲ層に、第Ⅲ層を第Ⅳ層に、あるいは第Ⅳ層と第Ⅴ層を第Ⅴ層にするなどの組み直しをしている。コルフマンの「文化編年」は、どちらかというとブレーゲンのものより、デルプフェルトの構築した「文化編年」に近いといえよう。コルフマンの「文化編年」でもっとも注目すべき箇所は、ブレーゲンが確立した第Ⅵ層、そしてとくに前十三世紀末から前八世紀末までの第Ⅶ層を、第Ⅶａ層、第Ⅶｂ1層、第Ⅶｂ2層、第Ⅶｂ3層、そして第Ⅶｂ4層と細分割したことであろう。それによって、後期青銅器時代以降、初期鉄器時代のヒサルルックの文化の変遷過程をより明確にしたことは、コルフマンの発掘成果の一つであるといえる。

それとコルフマンのもう一つの功績は、ヒサルルックの「下の町」の確認である。磁気探査法、レーダーによって第Ⅵ層、後期青銅器時代の集落とそれを囲む形で掘り込まれている溝と第Ⅷ層のヘレニズム時代の城塞を確認したことではないかと思う。ヒサルルックの「下の町」では、数カ所で発掘も試みている。

ただ、ほとんど発掘する箇所が残されていなかったヒサルルックをあえて再発掘しようとしたコルフマンの意図がどこにあったか、今もって私には理解できない。実際のところ、彼の報告だけではなかなか読み取れないところがある。何度もコルフマンの研究発表を聞いてきたが、その点だけは解きほぐすことができなかった。

何が問題なのか

彼らによって編み出された「文化編年」で、今もって大いに議論されている問題点が一つある。それは「トロイア戦争」の舞台についてであり、それにともなう火災層であろう。トロイア戦争は、すでに述べたようにヘロドトスの『歴史』によると、前十三世紀、つまり後期青銅器時代末に年代づけられる。

まずこの問題は、シュリーマンがヒサルルックで発掘開始したところから始まったものだった。そしてそれはデルプフェルト、ブレーゲン、そしてコルフマンに受け継がれた問いでもある。シュリーマンもトロイア戦争の舞台が第Ⅱ層ではなく第Ⅵ層であることを最終的には認めざるを得なかった。シュリーマンが火災を受けた城塞と財宝を発見し、それらが『イリアス』に記されているトロイア戦争のものと考えたことで大きな間違いが起こった。シュリーマンは、デルプフェルトがヒサルルックにはいってくるまで『イリアス』の叙事詩に引きずられ、そのなかに記述されていることをひたすらヒサルルックで確認することだけに没頭した。そしてその結果としてトロイア戦争を千年も古いものにしてしまったのである。

デルプフェルトは、ヒサルルックの層序を組み立てていくなかで、後期青銅器時代末の第Ⅵh層が本来のトロイアであるとし、その第Ⅵh層こそが『イリアス』のなかのトロイア戦争の舞台であると考えた。しかし、それに対してブレーゲンは、その第Ⅵh層の破壊は、決して「トロイア戦争」によるものではなく、地震によるものとする考えを提示し、その直上の第Ⅶa層の火災層こそがトロイア戦争の痕跡そのものであると主張した。確かに、第Ⅵh層の破壊層から出土している建築遺構、そしてその建築遺構から崩落した石などの状態を観察すると、第Ⅵh層は火災による破壊と考えるより、明らかに地震による破壊と考えたほうが妥当であろう。

そしてコルフマンもブレーゲンが主張した第Ⅵh層の破壊層を再調査し、ブレーゲン同様トロイア戦争の舞台は、第Ⅵh層ではなく、火災を受けている第Ⅶa層であるとする考えを発表した。ただ、ヒサルルックがトロイアであるか否かは別にし、発掘状況からだけ考察すると、トロイア戦争の舞台として提示したいのであれば第Ⅵh層より、むしろ第Ⅶa層の火災層をあげたほうがいいのかもしれない。

ここでどうしても気をつけておかなければならないことがある。それは何度も記してきたことではあるが、シュリーマン以降の発掘者が一度として『イリアス』の世界から脱し、客観的に後期青銅器時代末のヒサルルックの火災層を取り上げていないことである。

破壊層でも火災層でも、それらの層が本当にトロイア戦争によって生じたものか否かを彼らが論じていると思えない。いずれの研究者も、初めにホメロスの『イリアス』があり、それに合わせるかたちでデルプフェルト、ブレーゲン、そしてコルフマンは調査を進めてきているとしか思えない。後期青銅器時代末に火災層がみつかったことと、『イリアス』のトロイア戦争が後期青銅器時代末にあったことを安易に結びつけているとしか思えないのである。

その手法はシュリーマンのものとなんら変わらないものである。彼らの主張、つまり破壊層、火災層をトロイア戦争と結びつけるには出土遺物などがあまりにも不足しているとしか思えない。ホメロスの『イリアス』とヒサルルックを結びつけるにはあまりにギャップがあるし、そのギャップを埋めるだけの資料がそうやすやすとみつかるとも思えない。

それ以上に、後期青銅器時代末にヒサルルックを含めてアナトリアの都市という都市が大火災にあって終わっていることを、あげておく必要があろう。多くの都市がこの一時期に火災で終焉を迎えている。これを偶然だけで解決できるとは決して思えない。何かがアナトリア全体で起こっていたはずである。多くのヒッタイトの都市が火災で瓦解したことと、ヒサルルックの後期青銅器時代の終焉、とくに第Ⅶａ層の火災は密接な関わりをもっていたのではないか。つまり、ヒッタイト帝国の崩壊のなかにヒサルルックも巻き込まれたのではないか、と私は考えている。

第八章　アナトリアの後期青銅器時代の終焉

ヒサルルックの火災層が、ヒッタイト帝国の崩壊と結びつくのではないかというのであれば、なぜ「鉄と軽戦車」という最大の武器をもっていた帝国が一瞬にして終わりを告げたのだろうか。ヒサルルックの第Ⅵh層の破壊層、第Ⅶa層の火災層は、いずれも後期青銅器時代末に年代づけられる。この時期におけるアナトリアは一体どのような状況だったのだろうか。前二千年紀後半のアナトリアは、「鉄と軽戦車」を駆使してエジプト王国と東地中海世界を二分していたヒッタイト帝国が君臨していた時期でもあった。このヒッタイト帝国の都ハットゥシャも後期青銅器時代末、前一一九〇年頃に火災によって一瞬にして終焉を迎えたといわれる。ヒサルルックの火災層の背景を考えるうえでも、当時の後期青銅器時代のアナトリア全体を概観する必要があろう。

考古学上の根拠は皆無

ホメロスの『イリアス』を史実として発掘を進めてきたシュリーマンをはじめとしてその後継者を擁護するとすれば、ヘロドトスの『歴史』にしてもホメロスの『イリアス』にしてもヨーロッパの人々にとってはかけがえのないものであり、彼らの歴史学、文学の基盤をなすものとして考えなければならない。ヘロドトスによれば、あるいはホメロスによれば、と何かにつけて最初の一行を書き出すことができるほど、彼らの文化の基層に根づいていることを忘れてはならない。シュリーマンがヒサルルックを叙事詩である『イリアス』を使いながらトロイア論を進め、コルフマンにいたるまでの発掘者がそれをそのまま踏襲した背景にはそのようなことがあったのではないかと思う。

つまり、『イリアス』を一つの史料として取り上げ、それに基点を置けば、トロイアはシュリーマンが考えたように実在したことになる。そしてそれが実在したとなれば、そこではトロイア戦争が起こったとする仮説も当然のこととして生まれるのである。

シュリーマン以後の発掘者たちも、彼の仮説を踏襲しながら、ヘロドトスの『歴史』に記されている後期青銅器時代後半、つまり前十三世紀頃にトロイア戦争があったとする記載にヒサルルックの破壊層、火災層を容易に結びつけながら論を進めてきた感がある。彼らにとって極めて都合のよかったことは、第Ⅵh層の破壊層、そして第Ⅶa層の火災層が確認されていることである。その結果としてヒサルルックはトロイアとなり、ギリシア軍とトロイア軍が十年間も刃を交えた舞台でもあったとする説がおのずと浮上してきたのである。

コルフマンの東京での講演会

二〇〇一年四月十四日、コルフマンは東京・三鷹の中近東文化センターで毎年開催されているトルコ発掘報告会で講演をおこなった。タイトルは、「トロイア――二〇〇〇年度発掘調査と神話」であった。彼はつぎのように話を始めた。

「最初にまずホメロスについて、そして同時に考古学について、前八〇〇年のダーダネルス海峡にある放棄された場所、ヒサルルックを想像してください。そこは当時、ウィルサ、タルウィサ、イリオス、あるいはトロイアと呼ばれていました」。

この講演会は、ヒサルルックの発掘調査を指揮しているコルフマンを招き、最新の情報を話してもらうのが目的だった。コルフマンは、ボアズキョイ文書を使いながらそのなかに登場するウィルサ、タルイサなどの都市名をあげ、それらがヒサルルックの古代名であり、考古学的にもヒサルルックがトロイアであるとの見解を話した。これはそれほど注目すべき発表ではなかったものの、「考古学的に解明した」との発言にはいささか驚いてしまった。「考古学的」というのであればそれなりの証拠を示してくれるものと期待したが、明確なものは何一つとしてなかった。

コルフマンの場合、ヒサルルックがトロイアであるとする根拠には、考古学的資料――文字史料を除いたもの――を中心に考えているのかと思っていたが、それはかなり違っていた。彼がヒサルルックをトロイアであるとする考えの背景には、既述したようにヒッタイト帝国の都ハットゥシャから出土している粘土板文書があった。文書のなかに登場してくるウィルサ、タルウィサ、トゥルイサ、とくにトゥルイサがトロイアに酷似していることが一つの大きな根拠となっていた。また、ウィルサの最初のWをはずすとイリオスとなる。つまり、ウィルサから派生するイリオスは、古典時代のヒサルルックの名称であるイリオンではないかとする説である。

つまり、考古学者であるコルフマンは考古学的に証明しようとしたのではなく、文献学的にヒサルルックはトロイアであるとすることを主張したことになる。

この考えは、文献学者のD・ホーキンス、F・シュタルケなどが主張していることであり、なかなか興味深い説ではあるものの、考古学的にはヒサルルックがトロイアであるとする証明にはなんらなっていない。また、シュリーマン以来、これまでヒサルルックでおこなわれた発掘調査でこの遺跡がトロイアであるとする考古学的根拠は何一つ確認されていないのである。

得てして研究者は、自説を主張するがために都合のいい資料（史料）を取り上げるときが多々ある。一つの仮説を証明するためには余計なものをすべて削いで核の部分のみを鮮明にしようとする。しかし、それをおこなううえでは基本になる資料（史料）の信頼性の問題がある。この点からいえばシュリーマンをはじめとしてヒサルルックの発掘に関わった研究者が常に絶対的信頼を置いた『イリアス』に対しては、日本人である私にはなかなか踏み込めない聖域のような何かを強く感じてしまうのだが、これは日本人である私だけが抱くものだろうか。

火災層と戦争禍

シュリーマン、デルプフェルト、そしてブレーゲンはいずれもトロイア戦争と火災層、破壊層の結びつきを強調している。ヒサルルックの第Ⅵh層、あるいは第Ⅶa層がトロイア戦争で舞台となったとすると、そこにはかなりの戦争の痕跡が残存しているはずだ。それも『イリアス』によると十年も続いた戦争である。トロイアが陥落するところは『イリアス』に詳細に記されており、それから推測してもギリシア軍とトロイア軍とのあいだに起きた衝突は、相当に激しいものだったといえよう。当時の戦争の痕跡とは、どのようなものだったのだろうか。

中央アナトリアのカマン・カレホユックの発掘調査でもいくつかの火災層が確認されている。一つ目は前三千年紀末の第Ⅳa層、前期青銅器時代と中期青銅器時代の中間に年代づけられる火災層である。二つ目が前十七世紀の初頭第Ⅲc層、アッシリア商業植民地時代の大火災層である。三つ目は第Ⅲa層、ヒッタイト帝国末、後期青銅器時代末の火災層である。そして、四つ目が第Ⅱd層の初期鉄器時代の火災層である。

ここでは第Ⅲc層の火災層についてみてみよう。カマン・カレホユックの前二千年紀は、これまでの調査で上層から下層へ第Ⅲa層（ヒッタイト帝国時代）、第Ⅲb層（ヒッタイト古王国時代）、

〈上〉カマン・カレホユックの火災層（第IVa層）　カマン・カレホユック第IVa層の火災層が、第IIIc層のアッシリア商業植民地時代の建築が構築される際に切られたことが断面からも読み取ることができる。

〈右〉カマン・カレホユック第II層出土彩文土器　カマン・カレホユック第IId層は、初期鉄器時代、いわゆる「暗黒時代」に年代づけられる。この時期の層から出土する彩文土器の特徴として曲線文をあげることができる。第IId層の直上に位置する第IIc層に特徴的な鹿文、円文などは、この層からは1点も出土していない。また、この第IId層の彩文土器と一緒に手づくね土器も出土しており、この手づくね土器とヒサルルックの第VIIb層の手づくね土器を比較考察し、カマン・カレホユック第IId層の文化がブルガリア、トラキアと密接な関係があるのではないかと論じる研究者もいる。

カマン・カレホユックの火災層(第Ⅲc層)　カマン・カレホユック第Ⅲc層は、アッシリア商業植民地時代である。出土遺物から前17世紀初頭に大火災でこの時代は終わりを告げたものと推測される。この火災層のなかから、数多くの人骨が出土した。その人骨の頭骨には脳が炭化した状態で残存していた。火災を蒙った宮殿址も出土した。

そして第Ⅲc層（アッシリア商業植民地時代）とに分かれることが明らかとなっている。このなかで、アッシリア商業植民地時代（前一九五〇年頃〜前一六八〇年頃）は大火災で終わっており、その痕跡は筆舌に絶するほどの凄まじいものであった。

アッシリア商業植民地時代とは、メソポタミアのアッスルからアッシリア商人がアナトリアに金、銀、銅の買いつけのためにはいり込み、盛んに交易をおこなった時期でもある。前二十世紀後半から前十七世紀初頭には、カマン・カレホユックの東南東約一七〇キロにあるキュルテペ遺跡の郊外にアッシリア商人は居留区カールムを建設し、活発な経済活動をおこなっている。このアッシリア商人によって楔形文字がもち込まれたことで、アナトリアは歴史時代にはいったといわれる。

カマン・カレホユックの第Ⅲc層の本格的発掘調査は、一九九三年に開始した。アッシリア商業植民地時代の建築遺構の一部は、九二年の段階でみつかっていたものの、九三年、九四年におこなった発掘でその建築遺構が強い火災を受けていることを確認することができた。

中央アナトリアにあるアッシリア商業植民地時代の都市は、キュルテペをはじめとしてアジェムホユックにしてもコンヤ、カラホユックにしても、シカゴ大学が発掘したアリシャルフユック、そしてボアズキョイも大火災で終わっていることはよく知られている。ただ、その原因は現段階ではまったくわかっていない。キュルテペを半世紀にわたって発掘してきたオズギュッチは、都市間の抗争によって火災が生じたとの説を唱えているが、その根拠は今一つ明確とはいえない。

カマン・カレホユックの第Ⅲc層のアッシリア商業植民地時代からは、強い火災を受けた建築遺構がみつかり、そのなかからは数十体を超す人骨が確認された。その人骨のそばからは青銅製の剣、槍先などの武器が数多く検出されている。建築遺構の分厚い壁は一部打ち砕かれた状態で確認された。そしてさらに驚いたことに、その大火災を受けた建築遺構の東側でも青銅製の剣などの武器とともに人骨がいくつもみつかった。人骨を詳細に調査した研究者は、建築遺構内と建築遺構外の人骨のあいだには明らかに形質人類学的に差異が認められるとの報告をしている。この調査結果と人骨、武器などの出土状況などから、この火災層が生じた背景には、第Ⅲc層の最終段階でなんらかの原因により、建築遺構内のグループと建築遺構外のグループのあいだで激しい衝突があったのではないかと推測した。

これをみたときに私は、古《いにしえ》の戦争とはそうなまやさしいものではなかったものだと思った。とくに、一畳ほどの小さな部屋に十体を超す幼児骨と成人の女性骨が積み重なるように検出されたときは、胸がつぶれるような強い衝撃を受けた。前一六八〇年頃、カマン・カレホユックで二グループによって起きた衝突の際に、幼児は小さな部屋に隠れたのではないかとも考えられる。しかし、利あらずして建築遺構内のグループが敗れた際に、すべての子どもたちも猛火のなかで命を落としていったのではないかと思った。

初めにイメージありき

このカマン・カレホユック第Ⅲc層のことを、私はトロイアに当てはめてみた。トロイア戦争は、『イリアス』によると数日の戦いではなかった。十年間にもおよぶ戦いであった。それだけの長期戦の戦いとなると、少なくともまず第一にトロイア戦争があった場所には、シュリーマンが考えたように間違いなく戦闘の痕跡が残っていてもいいはずである。それもカマン・カレホユックのような火災層の痕跡ではなく、もっと凄惨な痕跡が残っていてもいいはずだ。そして、その火災層からは両軍の人骨が大量に出土してきてもいいようなものだ。

また、『イリアス』のトロイア戦争では両軍入り乱れての激しい戦闘があったことを読み取ることができる。もし、そのトロイア戦争が実際にヒサルルックで起きていたとするならば、彼らがいうところの第Ⅵh層、第Ⅶa層で両軍の武器が数多く確認されてきてもいい。戦闘で倒れた両軍の兵士、そしてそのそばから青銅製の武器でも大量に確認されたのであれば、ヒサルルックでトロイア戦争があったとする蓋然性は高まってくる。

しかし、これまでのシュリーマン、デルプフェルト、ブレーゲン、そしてコルフマンの発掘調査ではそれらをまったくといっていいほど確認されていない。第Ⅶa層で人骨が他層に比較して多く確認されたことをブレーゲンは取りあげている。また、青銅製の鏃《やじり》が出土したことをコルフマンはトロイア戦争と結びつけようとしているものの、考古学的に証明するうえではあまりにも数が少ないといえよう。ましてやその鏃にしても、形態的には決して後期青銅器時代末に特定されるものではない。それ以上に、第Ⅵh層の破壊層にしても第Ⅶa層の火災層にしても、凄まじい戦闘のあとにできた火災層とは到底いいがたいところがある。

デルプフェルト、ブレーゲンにしても、そしてコルフマンにしても同じ間違いを犯したのではないか。つまり、考古学の発掘調査で得てしてあることだが、彼らもシュリーマン同様、ヒサルルックはトロイアであり、そこでトロイア戦争があった、つまり、「初めにイメージありき」の発掘をしてしまったのではないか。

とくに、ブレーゲン、コルフマンには、初めにイメージありきに合わせるかたちで遺物を強調し、自説を展開したのではないかと思う節が、第Ⅵh層、第Ⅶa層に関する報告には多々みられる。これは考古学の発掘調査をおこなう者にとって、もっとも自戒しなければならない点なのかもしれない。

東アナトリアのコルジュテペの火災層

ここで、もう一つ私が発掘に参加したコルジュテペ遺跡の火災層について紹介したいと思う。

コルジュテペは、東アナトリアのエラズーの町から東約五〇キロに位置している遺跡で、一九七五年、ケバン・ダムの人工湖に水没した。緊急発掘調査であったが、水没する直前まで私は発掘をおこなった。一九六八年にアメリカのシカゴ大学などが中心となり発掘調査が開始された遺跡である。シカゴ大学のヒッタイト学者、H・G・ギュッターボックが、この遺跡は帝国時代の都市イシュワである可能性を主張していた遺跡である。この遺跡もチャタルフユックと同様、出土遺物を調査隊が無断で国外に持ち出したことで発掘権がトルコ側から剥奪された。その後、トルコのアンカラ大学に発掘権が移り、私はその調査隊の隊員として発掘調査をおこなった。この調査で、初めてヒッタイト帝国時代が終焉を迎えたときの大火災層を目の当たりにした。

コルジュテペで確認された後期青銅器時代末の大火災層は激しいものだった。失火などによって生じたものではないことは一目でわかるものだった。カマン・カレホユックの第Ⅲc層のアッシリア商業植民地時代の火災層より分厚いもので、町は徹底的に焼かれていた。とくに、帝国時代の城塞の火災の痕跡はすごいものだった。帝国の最後は火災で終わったことを如実に示しているものだった。この火災層のなかからは一振りの鉄製の短剣をみつけたのみで、不思議なことに他には青銅製の鏃も武器も、何一つ確認することはできなかった。

このコルジュテペの後期青銅器時代の火災層を発掘し、この鉄剣に出会ったことにより、いつの間にか、私はヒッタイトの鉄にのめり込んでいった。そしてこの遺跡が私を発掘者へと導いてくれた遺跡でもあった。このコルジュテペの火災層を発掘することにより、火災層後の文化と火災層前の文化には大きな差異のあることを現場で知った。つまり、このような火災の痕跡は、一つの文化が終焉する背景を探求するうえで、極めて重要な鍵になることもコルジュテペで学んだ。

一つの現場で発掘調査をしていると、研究者にとって得てして調査をしている遺跡だけが中心となる。私がコルジュテペで調査をしているときも、そうだった。端的にいえば、一つの遺跡に集中していると他の遺跡が見えなくなるということである。その遺跡だけで解決しようとする。これはかなり気をつけない限り、どの発掘者でも陥ってしまう。

ヒサルルックの問題を、ヒサルルックだけで解決しようとしてもなかなかうまくいかない。アナトリア全体の、あるいは自分が発掘している遺跡のすぐそばにあるいくつかの遺跡と比較して検討することも重要なことである。それは痛いほどわかっていても、つい疎《おろそ》かになる。一つの現場に没頭するあまり、ほとんどの精力をそこに使い果たし、他に目が行かなくなることも一つの理由なのかもしれない。

ヒッタイト帝国の都ハットゥシャの火災層

コルジュテペのヒッタイト帝国時代末の火災層と同じものが、中央アナトリアのヒッタイト帝国の諸都市でも確認されている。そのなかでも注目すべき遺跡はヒッタイト帝国の都ハットゥシャ（旧名ボアズキョイ、現在ボアズカレ）であろう。このハットゥシャの後期青銅器時代末の分厚

〈上〉コルジュテペ遺跡発掘調査　1975年、コルジュテペ遺跡発掘調査の最後のシーズン。5月にはユーフラテス河を塞き止めて建設されたケバン・ダムが完成。人工湖の貯水が始まり、発掘したヒッタイト帝国時代の建築遺構の基礎部分も徐々に湿っぽくなっていった。

〈下〉ハラバ遺跡発掘調査　1973年のハラバ遺跡。ウラルトゥ王国時代の文化層をオメールと一緒に発掘したが、ザザ語、クルド語を話す労働者の会話がまったく理解できず苦しんだシーズン。私(中央左)の右側で上半身裸になっているのがオメール。

〈上〉ボアズカレ村　ボアズカレ村の南東端に位置しているヒッタイト帝国の都ハットゥシャから村を眺望する。ボアズカレ村は、以前はボアズキョイと呼ばれていた。考古学の報告では、今でもボアズキョイの名称が使われている。最初に調査をおこなったH・ヴィンクラーは1905年、アンゴラ(現在のアンカラ)から約150キロの道のりを、馬の背に揺られながら3日かけてボアズキョイにたどり着いたという。

〈下〉ヒッタイト帝国終焉時の火災跡　前12世紀初頭にヒッタイト帝国は大火災で終焉を迎えた。ハットゥシャの王宮址の建築遺構では、今でも強い火を受けた痕跡をみることができる。火災で日干し煉瓦の表面がガラス状になっているものある。また、石壁などは火災で表面がぼろぼろになっている。

い火災層には驚かされるものがある。この火災層がヒサルルックの後期青銅器時代の終焉の背景を考えるうえでも、極めて重要な解決の糸口を秘めているのではないかと考えている。

そのヒッタイト帝国の都ボアズキョイ（旧名ハットゥシャ）は、約三一〇〇年もの長い眠りから覚めたのはつい最近のことだった。一九〇五年、ドイツのアッシリア学者のH・ヴィンクラーによって、ボアズキョイの発掘調査が開始された。ヴィンクラーは、一九〇五、〇六、一一、一二年の四シーズンにわたってボアズキョイの地主ズィア・ベイ宅に逗留して発掘調査をおこなった。ヴィンクラーは大神殿址のそばにある貯蔵庫内から数多くの粘土板文書を発見、そのなかのうちアッカド語で記されていた粘土板を解読したことにより、ボアズキョイがヒッタイト帝国の都ハットゥシャであることを突き止めた。さらに、粘土板からミズリの国、つまりエジプトの国と頻繁に交流のあったことを明らかにした。

一九三一年、ドイツのK・ビッテルがボアズキョイで発掘調査を再開、その後第二次世界大戦中に一時発掘を中止したものの、現在でも発掘調査はこつこつと続けられている。これまでのボアズキョイの発掘調査で、帝国時代の宮殿址がみつかったビュユックカレ（大きな城塞の意）、神殿址が確認されている「下の町」、北西斜面と呼ばれる発掘箇所でしっかりとした層序が構築されている。

このヒッタイト帝国の都であるハットゥシャが、後期青銅器時代末に猛火にさらされ、徹底的な破壊を受け、五〇〇年を超す長きにわたった大帝国も一瞬にして終わりを告げている。その際に生じた火災層は今もってハットゥシャのいたる所でみることができる。火災の状況は、都のビュユックカレで確認されている帝国時代末の建築遺構からも、十分読み取ることができる。

ハットゥシャの帝国時代の建築は、土台を人頭大の石で五〇センチから一メートルの高さでがっちりと構築し、その上に日干し煉瓦を一～二メートルほど積みあげていたことがわかっている。その石壁とその上の日干し煉瓦が今でもいたる所に残存している。日干し煉瓦の表面があまりもの強い火を受けたためにガラス状になっているし、同じビュユックカレでみつかった文書庫には、火災で壁から崩落した日干し煉瓦が散乱して確認されている。ビュユックカレだけでなく大神殿の周辺で確認された貯蔵庫の床面でも大火災を読み取ることができるのである。日干し煉瓦の表面がガラス化していることや、火でぼろぼろになっている日干し煉瓦などからも帝国の最期は悲惨なものであったことは推測できる。

この後期青銅器時代の火災は、なにもハットゥシャだけではない。一九三五年に開始したアラジャホユック（旧名アリンナ）、一九七〇年代に発掘調査がおこなわれたマシャットホユック（旧名タピッガ）、一九八〇年代の後半から一九九〇年代の半ばまで発掘がおこなわれたクッシャクル（旧名サリッサ）、一九九一年に発掘が開始されたオルタキョイ（旧名シャピヌワ）、二〇〇八年に始まったオイマアーチ（旧名ネリック?）、そして二〇〇九年、アナトリア考古学研究所が新た

ヒッタイト帝国の大神殿　ヒッタイト帝国の都ボアズキョイ(旧名ハットゥシャ)の大神殿。太陽神と天候神が祀られていた。神殿を取り囲むように細長い収蔵庫がいくつも出土しているが、そのなかの一つからH・ヴィンクラーは数多くの粘土板をみつけている。現在でも、ドイツ考古学研究所が大神殿の南西側で盛んに発掘をおこなっている。

に発掘を開始したビュクリュカレ遺跡（隊長・松村公仁）からも後期青銅器時代の火災層は確認されている。また、二〇〇九年再発掘が始まったエスキヤパルでも、後期青銅器時代末の火災層が確認された。

中央アナトリアから東アナトリア、南東アナトリアの帝国時代の各都市が後期青銅器時代末に大火災によって終わりを告げるのは、はたして偶然なのだろうか。そんなことが本当にあり得ることなのだろうか。

ヒッタイト帝国終焉の背景は不明

ヒッタイト帝国が崩壊した原因の一つは、これまでのところ西からアナトリアへ侵攻してきた「海の民」だとされている。つまり、前一一九〇年頃、西から中央アナトリアへとはいり込んできた「海の民」が帝国の各都市を侵略し、焼き討ちをしたというのがアナトリア考古学界では通説のようにいわれている。「海の民」がヒッタイトの都市を一つ一つ焼き討ちにし、その際に生じたのが後期青銅器時代末のハットゥシャなどでみられる大火災層だというのである。

ではその根拠はいったい何か。それはエジプトの碑文にほかならない。つまり、前一一七〇年頃、エジプトのテーベ（現在のルクソール）の西岸にあるメジネット・ハブ神殿にラムセス三世（在位前一一八四〜前一一五三年）が残した碑文である。そこには「海のほうから侵入してきた民族」、いわゆる「海の民」がつぎつぎとアナトリア、シリア、パレスチナの都市を焼き討ちにし、エジプトにまで侵攻してきたが、ラムセス三世は果敢にその「海の民」に立ち向かって撃退したのだという。その「海の民」によってそれまでの宿敵であったヒッタイト帝国の都ハットゥシャ、カルカミシュをはじめ多くの都市が焼き討ちにされたとするのが、これまで語り継がれてきたことである。

しかし、これはあまりにも不思議な話ではないか。一つにはヒッタイト帝国には、他国にはなかった「鉄」と六本のスポークをもつ強力な軽戦車があり、それを駆使しながらシリア、メソポタミア、西アナトリアへいくたびも遠征を繰り返してきた帝国である。つまり、ヒッタイトは軍事国家でもあった。その一大軍事国家が一夜にして西から侵入してきた得体の知れない「海の民」に簡単に打ち負かされる。これは信じられることだろうか。

ヒッタイト帝国の多くの都市が大火災で終わっていることと、エジプトの碑文の内容が一致しているからといってヒッタイト帝国の終焉の背景を「海の民」に求めるのは可能なことだろうか。ましてや、カデシュの戦いでヒッタイトの大王ムワタリに完膚なきにまで打ちのめされテーベへ戻ったラムセス二世は、カルナック神殿、アブシンベル神殿にヒッタイトに勝利をおさめたかのような碑文を残している。このことを考えると、ラムセス三世の碑文すらもそのまま信用することができるかどうか、いささか疑問になってくる。

ヒッタイト帝国大神殿の貯蔵庫内の緑石　この緑石(軟玉)が一体何に使用されたかは定かではない。犠牲台とする説を唱える研究者もいるものの根拠が明確ではない。

ヒッタイト帝国時代の石積み　アラジャホユックのヒッタイト帝国時代の石組み。ヒッタイト帝国時代の見事な石積みは、アラジャホユック(アリンナ)、ボアズキョイ(ハットゥシャ)、オルタキョイ(シャピヌワ)の城塞などにみることができる。石を組み合わせる技術はアナトリアではヒッタイト独特のもので、ヒッタイト帝国前後にはこの技術をみることができない。

ヒッタイト帝国大神殿の貯蔵庫　大形の瓶には小麦、豆、あるいは油、ワインなどが貯蔵されていた。また、瓶の口縁部にはヒエログリフ(象形文字)で貯蔵した内容物がわかるように記されていた。貯蔵庫の容量は約2000キロリットルといわれている。

ハットゥシャの火災層が語りかけるもの

発掘する者にとって、火災層はいろいろな情報を取得できるため、研究に好都合な層である。当時の人々は猛火のなかで家屋内から何一つ運び出すことなく、命からがら逃げ出したことは間違いない。その痕跡が火災層のなかから確認される建築遺構内に残っている。当時の生活用具がそのままになっている場合もある。アッシリア商業植民地時代の大火災を受けたキュルテペの住居内からみつかった土器のなかには、食べ残しと思われるものもみつかっており、火の手が異常に早かったことを裏づけている。

研究者は、これまでラムセス三世のメジネット・ハブ神殿の壁面に刻まれている碑文を、ヒッタイト帝国終焉の絶対的な根拠の一つとして使ってきたことは事実である。とくに文献の研究者にとって、明確に書かれているものほど頼れるものはない。それからいうとラムセス三世の碑文は、ヒッタイト帝国の終焉を裏づけるものであったことになる。そのうえ、その碑文を証明するかのように帝国の都、ハットゥシャは猛火を受けて終わっているのである。これであとは何を論じればよいのかということになる。

しかし、ここでどうしても考古学的立場から立ち止まらなければならない。もしヒッタイト帝国の都ハットゥシャにしろ、他のヒッタイトの諸都市が「海の民」の侵略によって焼き討ちされたとするならば、ヒッタイト帝国の各地でヒッタイトと「海の民」の激しい攻防があったことを明確に証明しなければならない。

つまり、ハットゥシャの大火災層からも両者の闘争が繰り広げられた痕跡が確認されなければならない。ラムセス三世の碑文が事実とすれば、ハットゥシャで闘争、すなわち守備する側のヒッタイトとそれを攻撃する側の「海の民」とのあいだには壮絶なる戦いがあったはずである。もし、両者による戦いが実際にハットゥシャで、アリンナで、シャピヌワで、タピッガで、サリッサで、そしてエスキヤパルであったとすれば、これらの火災層のなかから当然のこととして「海の民」に関する遺物が出土しなければならない。それも少なくとも「海の民」が侵攻した際に使用したはずの青銅製の武器が出土してきてもいいはずである。それも両者で用いた相当数の武器、とくに鏃、剣などが出土してきてもよいのではないか。「海の民」が帝国を打ち破ったとすると、かなりの戦力をもって攻撃したに違いない。「海の民」がだらだらと侵入してきたぐらいでは、「鉄と軽戦車」をもって大帝国を築いたヒッタイトを容易に打ち破ることはできなかったはずだ。

「海の民」の武器は一点も出土せず

ただ、ここでまた問題が出てくる。では、どの遺物を「海の民」のものとするのかということ

オルタキョイ(旧名シャピヌワ)の宮殿址　ヒッタイト帝国時代の都市シャピヌワも、強い火災を受けて終焉している。ここからも数多くの粘土板文書が出土しており、ヒッタイト研究には欠かせない遺跡である。しかし、解読はまったく進んでいない。

である。この問いは容易に解決できるものではない。遺物に、「海の民」に関わる印でもあればまったく問題なく判定できるが、そんなことはまずありえない。

発掘調査をおこなっていてもっとも我々の気を引くのは、一連の遺物が出土しているなかで、まったく異質の遺物に出会ったときである。なぜならば、みたこともない遺物が出土したときは、それを理解するうえでかなりの時間を要する。例えば、ヒッタイト帝国時代の青銅製の武器を観察すると一つの傾向がみられる。一連のヒッタイトの武器のなかにまったく異質の形態の武器が出土してきた場合、形態などからいろいろと推論することは可能である。さらには分析をして在地のものと比較する必要がでてくる。形態、分析などから在地ものでないということがわかってくると、つぎに他地域から搬入されてきたとする推論がでてくる。そうなると他の遺跡で出土している青銅製の武器を観察する必要がある。また、一連の出土遺物中に異質の形態の数が多く、さらに火災層からそれらがヒッタイトのものと一緒に確認され、そしてカマン・カレホユック第Ⅲc層のアッシリア商業植民地時代の戦闘の痕跡のようなものが確認できるとすれば、明らかにそこにはなんらかの戦いがあったとする推測も可能となる。

では焼き討ちされたといわれるハットゥシャなどで後期青銅器時代末の出土遺物、とくに外部からはいり込んできたと思われる青銅製品の武器が出土しているか否かが大きな問題になる。しかし、残念なことにエジプトの文献史料がいうところの「海の民」のものと思われる武器は、ハットゥシャからは現時点では一点も出土していないのである。アナトリアのほかのヒッタイトの遺跡、アリンナ、サリッサ、シャピヌワ、タピッガでもしかりである。

ヒサルルックと「海の民」

ヒッタイト帝国内の諸都市で起きていた火災は、ヒサルルックでも同じ時期に生じていた。つまり、何度も取りあげてきた後期青銅器期時代末の第Ⅵh層と第Ⅶa層の破壊層、火災層である。この火災層の原因として、ハットゥシャと同様「海の民」をあげている研究者もいる。しかし、ヒサルルックの後期青銅器時代末の火災層からは、明確に「海の民」のものと推測される遺物はいまだ確認されていないことも事実である。コルフマンは、「海の民」のものというよりアカイア人、つまりギリシアのものと推測している青銅製鏃などをあげているが、それらにしても既存の青銅製鏃を凌駕するような数ではない。既述したように、出土数は極端に少ない。また、火災層のその他の青銅製品などに、在地品以外のまったく異質のものを確認することはほとんどできないのである。

つまり、このことから後期青銅器時代末のアナトリアで検出されているいずれの遺丘の火災層もヒサルルックの火災層も、「海の民」の侵攻の際に生じたものと考えるのは極めて難しいのではないかということになる。

マシャットホユック(旧名タピッガ)の火災跡　ヒッタイト帝国時代の火災跡は、マシャットホユックのいたるところで確認されている。強い火を受けた日干し煉瓦が散乱している。

マシャットホユック(旧名タピッガ)　ヒッタイト帝国時代の都市でT・オズギュッチ(著作の写真181ページ)によって1970年代に発掘調査がおこなわれた。この遺跡からも百枚を超す粘土板文書が出土、S・アルプが解読をし、マシャットホユックの古代名がタピッガであることを突き止めた。

とすれば、ヒサルルックをはじめとしてアナトリアのヒッタイト帝国の諸都市は誰によって焼かれたというのだろうか。それもほぼ同時にである。

後期青銅器時代の火災後の世界

遺丘の文化層を概観すると、一つの都市が廃墟と化した場合、廃墟となった原因を考えるうえでその上に築かれた文化を考察する必要がでてくる。つまり、ヒッタイト帝国の多くの都市、そしてヒサルルックが火災によって終焉を迎えたとすれば、火災層のあとの文化に前時代を終焉に追いやった何かがあるのではないかと考えるのは当然である。

後期青銅器時代が前一一九〇年頃、ヒッタイト帝国の崩壊を境として急速に終熄に向かい、新たなる時代として古代中近東世界は鉄器時代を迎えることになる。中央アナトリアでも、ヒサルルックの位置する西アナトリアもほぼ同時期にこの鉄器時代を迎えた。

ヒッタイト帝国が「鉄と軽戦車」を持ち合わせていたことは、ボアズキョイ文書からも推測できるが、帝国を維持するうえで大量の鉄器を生みだす製鉄技術を秘密裏に保持しつづけていた可能性も充分に考えられる。また、カマン・カレホユックのような、帝国にとっては一地方都市で鉄製品が前二千年紀の層序から出土していることは、帝国内で鉄がかなり普及していたことを裏づけるものといえよう。また、ヒッタイト帝国が崩壊したと同時に、東地中海世界に一気に鉄器が普及したことも、帝国が製鉄技術を死守していたことの裏づけにも結びつくのではないかと考えている。

後期青銅器時代から鉄器時代にはいったということは、それまで東地中海世界を二分していたヒッタイトとエジプトの二極によるパワーバランスが一気に崩れ去ったことを意味した。また、各地域で鉄器の生産が始まったことにより、軍事的バランスもそれまでのエジプト王国、ヒッタイト帝国の二極から多極化する時代を迎えることにもなった。つまり、アナトリアもそれまでの絶対的な地位から一地方の地位に甘んじることを余儀なくされた時期でもあった。

後期青銅器時代後の暗黒時代

後期青銅器時代が終了したのちの古代中近東世界は、既述したように鉄器時代にはいった。そしてヒッタイト帝国とエジプト王国との二極による支配は終焉を迎えた。その後のアナトリアはカオスの時代を迎えたといわれる。一大帝国であったヒッタイトが去ったあとに、アナトリアが不安定なカオスの時代にはいったことは、歴史の流れからいって当然のことだった。これは何もアナトリアだけではなく、ギリシアも古代地中海の他の地域でも同じような状況に陥った。

一九八〇年代のアナトリア考古学界では、後期青銅器時代後のカオスの時代は「暗黒時代」といわれていた。つまり、ヒッタイト帝国が崩壊したのち、アナトリアは歴史的にも文化的にもとるに足らない時代、つまり「暗黒時代」を迎えたのだという。そしてその時代がなんと三〇〇年も、地域によっては三五〇年近くも続いたのだという。そんなことは本当にあり得ることなのだろうか。アクルガル先生は、この時代の建築遺構は粗末なもので取り立てて述べるほどの時代ではないとしている。この「暗黒時代」とは一体どのような時代だったのだろうか。カマン・カレホユックの発掘調査では、一九八六年の第一次調査の段階で後期鉄器時代、つまり前四世紀頃の文化層を確認した。そして一九八八年には、前九世紀の初期鉄器時代の文化層を確認した。しかし、この初期鉄器時代の層序からは、まったく予期もしなかった彩文土器が検出された。それが「暗黒時代」と深く関わるものだった。

ここではカマン・カレホユックとヒサルルックの鉄器時代について触れてみたい。

カマン・カレホユックの鉄器時代

カマン・カレホユックの第Ⅱ層は鉄器時代にあたる。この時代は出土遺物、建築形態などから上層から第Ⅱa層、第Ⅱb層、第Ⅱc層、そして第Ⅱd層の四期に分かれる。第Ⅱd層がこれまでアナトリア考古学では「暗黒時代」と呼ばれた時期であり、ヒッタイト帝国時代の崩壊から前九世紀末までを指している。この第Ⅱd層内からは手づくね土器と共伴する形で曲線文などの幾何学文が施された彩文土器が数多く出土している。第Ⅱd層で検出されている建築遺構の多くには火災の痕跡が認められる。ただこの火災の痕跡は一部では、ハットゥシャの後期青銅器時代末のものに匹敵するほど激しく焼けた箇所もあるが、多くは単なる失火による程度のものだ。第Ⅱd層出土の炭化物の年代測定を試みているが、最下層のものでも前一一〇〇年前後で、後期青銅器時代末とはわずかに時間的ギャップが認められる。

カマン・カレホユックの第Ⅱd層と第Ⅲa層

この第Ⅱd層の文化をどのようにとらえるか。この第Ⅱd層の文化と後期青銅器時代末の火災層とはなんらかの関わりがあるのかを考えてみる必要があろう。

カマン・カレホユックの後期青銅器時代は第Ⅲa層であり、ヒッタイト帝国時代に同定されている。この第Ⅱd層の手づくね土器、曲線文をもつ彩文土器の文化は第Ⅲa層から継承されたものかであるが、両層出土の土器形態、彩文様式からいうと両者間にはまったく関連性はない。第Ⅲa層と第Ⅱd層とのあいだ、つまり後期青銅器時代末と初期鉄器時代のあいだの文化的関わりは、土器ではほとんど確認することができないということである。

さらに両層の建築遺構を比較すると、つぎのことがいえる。第Ⅲa層、つまりヒッタイト帝国の建築遺構は、平地式——地面をわずかに掘り込み礎石を置く技法で、床面と外の生活に使用した面とはレベル的にそれほど差異はない——であるの対して、第Ⅱd層の建築遺構では掘り込み式――半地下式――の形式が多用されている。これからいえることは、建築形態からも土器形態同様両層間にはまったく結びつきがないということになる。また、第Ⅲa層末の層から第Ⅱd層に出土している青銅製品などにもまったく関連性がない。つまり、第Ⅲa層のヒッタイト帝国の終焉には第Ⅱd層を構築した民族は関わっていなかったということになる。

ヒサルルックの第Ⅶb層と第Ⅶa層

ところで、ヒサルルックのほうはどうだろうか。ヒサルルックの第Ⅶa層の後期青銅器時代末が終了したところで鉄器時代を迎えている。つまり、カマン・カレホユックの第Ⅱd層と同様、ヒサルルックでも「暗黒時代」を迎えている。つまり、第Ⅶb層がその時代にあたる。では、後期青銅器時代末の第Ⅶa層と初期鉄器時代の第Ⅶb層とのあいだには、遺物などに何か差異、あるいは共通点は認められるのだろうか。

第Ⅶa層は第Ⅵh層と文化的にはほぼ同じで，ヒッタイト帝国でも検出されている土器が数多く確認されている。しかし、第Ⅶb層になると土器文化は一変してしまう。第Ⅶa層ではまったくみられなかった手づくね土器が、唐突ともいえるかたちで出現してくる。これはカマン・カレホユックの第Ⅱd層でもみつかっている。手づくねで製作された土器は、器壁に瘤《こぶ》が装飾としてついていたり、深めの刻線文が施されているのが一つの特徴である。瘤つき土器、つまりブッケル土器と呼ばれている土器は、中央アナトリアでもフリュギア王国の都ゴルディオン、ヒッタイト帝国の都ハットゥシャの初期鉄器時代の文化層からも出土しており、少なくともブッケル土器の文化が中央アナトリアへも伝播していた可能性を物語っている。

この類のものは、エーゲ海からマルマラ海沿岸に位置する遺丘から出土していると同時に、トラキア、ブルガリアなど南東ヨーロッパ、つまりバルカン半島の初期鉄器時代の文化層からも数多く出土しており、出土地域としては限定される。この手づくね土器の出土数が、ヒサルルック以上にトラキア、ブルガリアの諸遺丘で多いことを考えると、この手づくね土器をともなう文化は、ヒサルルックで生まれたと考えるより北西地域で生まれ、そこから技術的に、あるいはその土器そのものが搬入されたと考えるほうが妥当であろう。

ヒサルルックの後期青銅器時代末の第Ⅶａ層と初期鉄器時代の第Ⅶｂ層は、土器に関していえば、まったく関係ないといって過言ではない。つまり、ヒサルルックの後期青銅器時代と鉄器時代とのあいだには文化的に大きな差異があるといわざるをえない。これはカマン・カレホユックの後期青銅器時代末の第Ⅲａ層と初期鉄器時代の第Ⅱｄ層のように両層には文化的にほとんど関わりがなかったのとほぼ同じ状況である。つまり、カマン・カレホユックでもヒサルルックでも後期青銅器時代の文化とはまったく違う文化が鉄器時代には築かれたと考えることができる。

火災層と「暗黒時代」

後期青銅器時代末と「暗黒時代」には、カマン・カレホユックの調査の結果から明らかに文化的に共通点をまったく認めることはできない。両層の文化は異質の文化ととらえたほうがいいし、ヒッタイト帝国を築いた民族とは違う民族が第Ⅱd層の文化を形成したと考えるほうが妥当であ

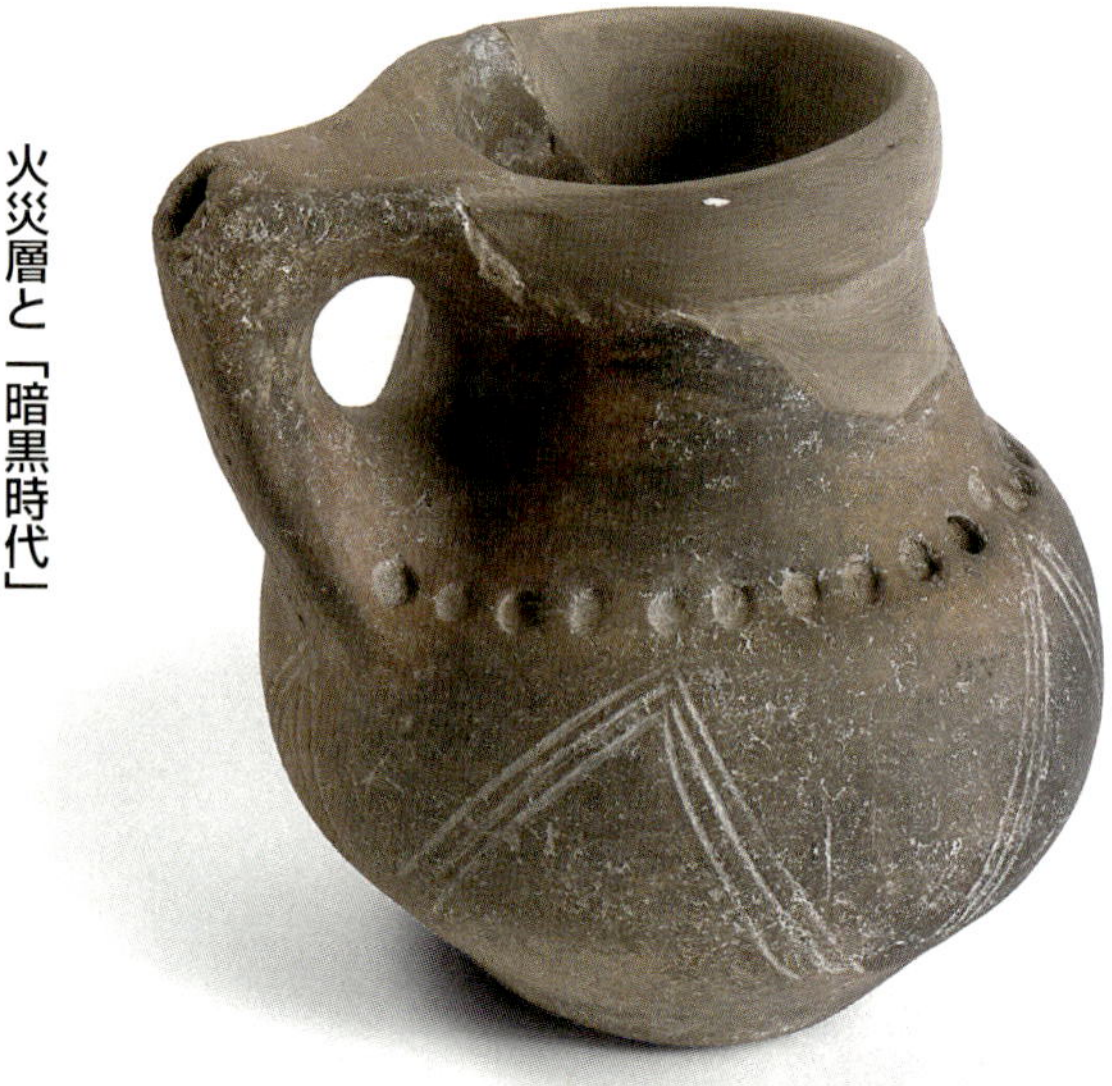

ヒサルルック第Ⅶb層手づくね土器　ヒサルルック第Ⅶb層出土。暗黒時代の手づくね土器で、胴部に刻線文、刺突文が施されているのが特徴である。器壁は厚く、焼成温度は低い。イスタンブル考古学博物館蔵。

文化編年の対応

カマン・カレホユック	ヒサルルック	
Ⅰa		
Ⅰb		
ローマ	Ⅸ	
ヘレニズム	Ⅷ	
Ⅱa		
Ⅱb		
Ⅱc		
Ⅱd	Ⅶb	暗黒時代
Ⅲa	Ⅶa、Ⅵ	
Ⅲb	Ⅵ	
Ⅲc	Ⅵ、Ⅲ～Ⅴ	
Ⅳa	Ⅲ	
Ⅳb	Ⅱ	

ろう。

　これはヒサルルックにもいえることである。第Ⅶａ層と第Ⅶｂ層とのあいだには建築遺構などにも大きな差異が認められる。つまり、後期青銅器時代の文化と初期鉄器時代の文化のあいだには極端な違いがある。どのように考えても、両層の文化を構築したのが同じ民族とは到底想像することはできない。

　もし、カマン・カレホユックの第Ⅱｄ層の文化を築いた民族が、第Ⅲａ層のヒッタイト帝国を攻略していたとすれば、両層には時間的ギャップがあってはならないことになる。しかし、第Ⅱｄ層最下層の火災層から出土した炭化物を炭素年代測定法で計測すると、明らかに帝国が崩壊した前一一九〇年頃より百年は新しくなる。となると、第Ⅱｄ層を築いた民族が帝国の終焉に関わったとはいいがたいことになる。

　ヒサルルックの第Ⅶｂ層も初期鉄器時代に年代づけられるし、これまでは「暗黒時代」と呼ばれていた。第Ⅶｂ層の文化も既述したようにその直下の第Ⅶａ層の文化とはあまりにも相違している。第Ⅶａ層の破壊者が第Ⅶｂ層の文化を構築した民族であるとすれば、第Ⅶａ層の火災層のなかから第Ⅶｂ層に関わる遺物が出土してもいいことになる。それはまったく確認されていない。つまり、第Ⅶａ層の後期青銅器時代末の文化を終焉に向わせたのは第Ⅶｂ層を文化を構築した民族ではないことになる。

とすれば、ヒサルルック、そしてヒッタイト帝国の都市は本当に誰によって焼き討ちされたのか。この問いがふたたび浮上してくることになる。

私はヒサルルックの終焉もトロイア戦争ではなく、ヒッタイト帝国が崩壊した原因で最期を迎えたのではないかと考えている。帝国崩壊の背景に、経済基盤が脆弱化したこともあげられる。また、後期青銅器時代の東地中海に確立されていた交易システムが崩れた可能性も一因として考えることもできる。しかし、ここではそれを明確に示すことができなかった。

これからカマン・カレホユック遺跡を何年発掘できるかわからない。本当のところこの問題をいかに時間をかけたとしても解明できないのではないか、と不安な気持ちもある。ただ、それでもアナトリアの発掘現場でいま一度その問題に立ち向かって調査を続けていきたいと思っている。

第九章　**コルフマンが追い求めていたもの**

数年前、チャナックカレ考古学博物館の学芸員のオメールが、私がおこなっている中央アナトリアの遺跡踏査の査察官として、カマン・カレホユックのアナトリア考古学研究所に三週間ほど滞在した。この間、毎日のように彼と一緒にフィールドに出かけた。一昔前に一緒に発掘をおこなった仲でもあり、彼には査察官という感覚はなかった。こんなに楽しい遺跡踏査はそれまで一度としてしたことはなかった。

一枚の粘土板文書だけだったのでは

彼はカマンのキャンプに到着するなりヒサルルックのことだけを話しはじめた。十二時間以上もかけてバスでチャナックカレからやってきて疲れているのだから、一休みすればよいようなものなのに。オメールらしいといえばオメールらしい。

「サチヒロ、どうだい。トロイアのことは解決したか」

「そんなことはない。なかなか難しいね。ただ、一ついえることはあるよ。それはねオメール、ヒサルルックをコルフマンが必死に発掘した理由がわかりはじめたことかな」

クシャックル(旧名サリッサ)で出土したヒッタイト帝国時代の神殿址　クシャックルは、1991年、ドイツの考古学者A・M・カルペが発掘調査を開始し、ヒッタイト帝国時代の神殿址などを確認した。ヒッタイト帝国時代の神殿址と火災跡。

たいした結論でもなかったが、コルフマンに対する私なりの考えがなんとかまとまりかけてきたときでもあった。

「コルフマンは間違いなく、ヒサルルックはトロイアであると思って発掘を再開したんだと思う。ただね、それは彼にとっては仮説であったと思う。君がいうように青銅製の印章を発見したときのことなどを考えると、やはり彼はなんとかヒサルルックがトロイアであるとする決定的な根拠を探し出したかったのではないのかな」

「それはそうだと思うよ」

なぜなら、コルフマンが発掘を再開する前に、ヒサルルックはトロイアであるという考えは、もう誰がなんといおうとすでに定説化していたのである。そこにあえてコルフマンは焦点を合わせることをしなかっただけである。ヒサルルックの交易上の重要性などを前面に出したのもそのためであろう。

「数年ほど前、東京でコルフマンが講演をした際に、何度かしつこく尋ねたことがあるんだ。ヒサルルックがトロイアと考えても間違いないかとね。でも彼からはまったく答えは返ってこなかったね」

「そうか。それはそうかもしれないね。ただ、サチヒロも前にいっていたけれど、コルフマンの探していたのは、やはり粘土板だったのではないかと思うね。それを探し出してヒサルルックがトロイアであるとする決定的な証拠をみつけたかったのだと思うね」

確かに、ハットゥシャ出土の粘土板にはトロイアに関するものだと思われる箇所がいくつかある。だからといってヒサルルックをトロイアだとする証拠にはならない。単なる傍証にすぎない。傍証を積み重ねることによって証明が可能になる場合もあろう。しかし、それはあくまでも傍証の積み重ねであって、私には決定的なものとは思えない。そういうと、オメールも納得した顔つきになった。

「そうだね。オメール、決定的な証拠にはならないな。やはり、もしヒッタイト帝国との関係がもっとはっきりすると面白いとは思うね」

今思うと、日本での講演（一八九ページ）の際にトロイアでの粘土板出土の可能性を尋ねたときには、あまり興味はないとの素振りをコルフマンはみせていたが、ヒッタイトのヒエログリフが刻まれた青銅製の印章を発見した際のコルフマンの興奮ぶりは大変だったようだ。

「コルフマンが発見したときの顔をみせてあげたかったよ。あれがみつかってからというもの、コルフマンは異常にヒサルルックはトロイアであると強調しはじめたね。それも何かに取り憑かれたようにね」

コルフマンは、文献学のシュタルケがボアズキョイ文書を使いながら立てた、ヒサルルックがヒッタイト帝国時代のウィルサであるとの仮説を信じきっていた。それを裏づけるには、どうし

クシャックル(旧名サリッサ)の火災跡　ヒッタイト帝国時代の神殿の壁。日干し煉瓦で築かれているが、強い火を受けて壁のなかまで焼けただれている。褐色の箇所は日干し煉瓦の壁の所々に建てられていた木製の柱が火災で焼けた痕跡である。

てもヒッタイト帝国から送付された粘土板が必要であったはずである。

研究者の複雑な心情

「オメール、研究者とは不思議なもんだね。本当はなんとしても発掘現場で発見したいものがあるのに、俺がそれは粘土板でしょうというと、そうではないというのだから厄介だよね」

これにはオメールも笑った。

「サチヒロ、ヒサルルックがトロイアであるという前提のもとに、コルフマンが発掘を開始したことは間違いないよね。ただ、やはり彼は最終的にはどうも証明できていないと思うけどね」

これはオメールのいうとおりだった。コルフマンは傍証のみでヒサルルックをトロイアだとした。彼自身もいくつかの傍証をみつけてはいる。しかし、それでも決定的なものはみつけることができなかった。

ただ、彼がヒサルルックのわずかに残された第Ⅵ層、第Ⅶ層を集中的に発掘した背景は、おそらくシュリーマン、デルプフェルト、そしてブレーゲンが主張しつづけてきたヒサルルックはトロイアであるとする説を粘土板という文字資料によって解明したかったのではないか。

コルフマンの講演のなかでは、ボアズキョイ文書を全面的に出し、文書のなかに登場するウィルサがトロイアであるとすることを明らかに強調していた。

「オメール、これは文献学者のホーキンスなどが前々からいっていることであるし、それほど新しいことではないね。もしもウィルサがトロイアだとしたとしても、考古学的には証明されたわけでもないしね」

「サチヒロ、お前も冷たいな。そこまでいったらコルフマンが可哀想じゃないか」

ヒサルルックの再調査をするとなると

遺跡踏査中は、彼との昼食が一番楽しい思い出である。昼食といってもキャンプからもってきた野菜、ゆで卵などをカマンの町で買ったパンにはさんでサンドイッチにする程度のものである。水飲み場を探し、そこでチャイを湧かして一時間ほど休む。オメールは査察官できていたこともあり、何もやらずに座って昼食が出てくるのを待っていればよい。ただ、彼はそれができない性格だった。何か手伝うよ、といっては、キュウリ、トマトなどを切ってくれた。そんなことをしながらでも、オメールはヒサルルックのことを話すのが癖だった。やはり、チャナックカレを離れていても、ヒサルルックのことが気にかかっていたのだろう。

「ヒサルルックのそばにトルコの文化・観光省が博物館を建設することを知っているだろう。サチヒロ、あれはね、本来であればトルコ側が建設するのではなくて、これまでヒサルルックの調査に一世紀以上も深く関わってきたドイツがやるべきなんだよ。なぜ、それをトルコ側がきっちりとドイツにいえないんだろうね」

「シュリーマンの時代からの伝統かな。何かつねに欧米に押されっぱなしなのは」

ヒサルルックはもうほとんど発掘する場所がないほどの遺跡である。それでもトロイアであることを証明するには、少なくとも後期青銅器時代末の第Ⅵh層，第Ⅶa層を徹底的に発掘しなければならない。しかし、その二つの層のなかで発掘できる所はもうほとんど残っていないといってもいい。それでも丹念に発掘したコルフマンは、決してデルプフェルト、ブレーゲンが構築した「文化編年」の再構築をしようとしたのではなく、粘土板を発見してヒサルルックが間違いなくトロイアである確証を得たかったのではないかと思う。

「オメール、やはりコルフマンにしてもヒサルルックはトロイアであるといいつづけたけれど、傍証ではなく決定的なものをなんとかみつけたかったということかもしれないね」

「それは当然だと思うよ。サチヒロ、お前だってそうだろう。カマン・カレホユックの古代名をきっちりみつけたいといつでもいっているではないか」


「サチヒロならどうする」


そして彼は私に尋ねてきた。

「サチヒロ、もしもだよ。お前がヒサルルックを掘るとしたらどうする」

クシャックル(旧名サリッサ)の遺跡と現代の墓地
アナトリアの遺跡、とくに丘状の遺跡の上、あるいは周辺にはイスラームの墓地をよく見かける。遺跡の土が掘りやすいことも起因しているようである。

これはなかなか難しい質問だった。おそらく私にそんな役割が回ってくるとは思わないが、と前置きしながらつぎのようなことをいったのを鮮明に覚えている。

「考古学で何かを証明しようとするときには、徹底的に出土遺物を大事にしなければならないと思う。発掘で出てくる排土のなかにはいろいろな遺物が含まれているし、その排土をすべてフルイにかけてみつけ出そうとすることは、絶対に大事だと思うね。粘土板の破片なんかは発掘をしているところですべてがみつかるとは限らないし、フルイでひっかかってくることも多々あるしね」

つまり何をいいたいのだという顔をオメールがしている。

「シュリーマンも他の研究者もほとんどフルイを使っていないよね。とくにシュリーマンが雨期の時期に発掘をしていることを考えると、どろどろになった土をただ遺丘からかき出したにすぎないと思うね。だから、もしも俺がだよ、ヒサルルックで調査をするとしたら、これまでかき出され、ヒサルルックの裾に無造作に積みあげられた土を十年ほどかけて丁寧にフルイにかけることをやってみたいね」

オメールは、本当に真面目に考えているのかという顔つきで私をみつめた。ただ、これは冗談でもなんでもなかった。

排土にフルイをかける

ここでもう一度強調しておきたいのだが、ヒサルルックをトロイアであるとする仮説を再考したいのであれば、つぎのことを提案したい。

私はカマン・カレホユック発掘調査でこれまで発掘した排土のすべてをフルイにかけてきた。その量たるや膨大なものだった。一シーズンでトラクター三百台以上の土が出てきたこともある。重要な出土遺物がフルイによって数多くみつかった。ヒサルルックを遠方から眺めると、実際の遺跡の規模の倍以上の大きさにみえる。それはシュリーマンもデルプフェルトも、ましてや科学の粋を集めて発掘をおこなったブレーゲンも、ほとんど排土をフルイにかけることはなかった結果である。出てきた土は遺丘の斜面に捨てるだけだった。その結果として、遺跡は掘り返された土で埋もれるかたちになった。そのかき出された土のなかに、どれだけ貴重な資料が含まれているかは誰一人として知る者はいない。

シュリーマン、デルプフェルト、ブレーゲンによって徹底的に掘り尽くされたヒサルルックを発掘しているコルフマンが、わずかに残された未発掘の場所を掘りさげているのをみたとき、ヒサルルックをトロイアだとする確証を得るための作業をしているのではないかと思った。もしトロイアだと証明しようとするのであれば、これまでかき出された排土をフルイにかけてはと思った。わずかな破片でもよい。ヒッタイト帝国のハットゥシャから送られてきた書簡の破片でもみつかり、その数行にトロイアの名称が確認されたときに、一四〇年あまりの作業は終わるのではないかと思っている。

世界遺産登録の背景

ヒサルルックがトロイアであるとする説は、少なくとも仮説であると今でもいわざるをえない。では、なぜそのヒサルルックがトロイアになり、そして世界遺産にまで登録されたのだろうか。この背景には大きく二つの理由があるように思う。一つは、シュリーマンの『古代への情熱』であり、世界は彼の自叙伝をもとに今もってシュリーマンのトロイア発見を正当化し、美化しているところにあるのではないか。それともう一つ、それを大前提としてすべての話が進められたことだが、ホメロスの叙事詩『イリアス』と『オデュッセイア』の存在であろう。私が発掘調査をおこなっている発掘現場には、毎年世界各国の若手研究者が集まってくる。ヨーロッパの学生も多い。彼らと話をしていると、ギリシアの叙事詩を淡々と語るのに驚いてしまうときがある。『イリアス』にしても、彼らにすれば幼少時からなじんでいるのであろう。それが会話のなかに時折出てくるのを聞いていると、ホメロスの世界がいかに彼らのなかに溶け込んでいるかを実感する。つまり、ヨーロッパにとってはシュリーマンのトロイア発見とともに、古代ギリシア世界のホメロスをはじめとする叙事詩は彼らの文化の基層をなすもっとも重要な要素の一つであり、それがヒサルルックをトロイアとし世界遺産に登録する大きな原動力になったのではないかと考えている。

いずれにしてもシュリーマンがおこなったヒサルルックの発掘は、極めて乱暴なものであったものの、トロイアを探し出そうとする異常なる熱意にだけは、私は脱帽せざるをえない。デルプフェルトをヒサルルックに招き入れたところで、シュリーマンは単なるアマチュアの発掘屋から層序を中心に発掘をおこなう研究者へと大きく変わった。それ以降のブレーゲン、コルフマンは極めて組織的・科学的発掘調査をおこなったものの、シュリーマンのつくりあげたシナリオのなかで発掘をしたにすぎない。

二人の死去

しかし、二〇〇五年八月、ヒサルルックをトロイアとし、そして世界遺産登録に尽力したコルフマンは急逝した。そして私がアンカラ大学の留学生のときから何かにつけて声をかけてくれたチャナッカレ考古学博物館のオメールも、二〇一二年の一月に急逝した。この知らせを耳にしたときは、アナトリア高原の真ん中にぽつんと置いてきぼりになったような気がした。高原が無闇やたらに広く感じた。大学のカンティンで、そして発掘現場で、現場に向かうバスのなかでいつも陽気に話してくれたオメールがもうこの世にはいない。もう一度彼と討論をしたかった。

二〇一一年末、日本へ一時帰国をする前にチャナックカレにいるオメールに電話をかけた。体調が悪いと聞いていたからだ。

「大丈夫か、オメール」

「心配するな、もうじき治るよ」

心配をかけまいとしていることが電話でもわかった。それが最期になった。

彼がアナトリア高原の発掘現場で、「考古学とはね。サチヒロ、発掘現場で自分でとにかく追いつめないとだめだよ。それができないのであれば、現場なんかに立つ必要はない」といっていたことが、今の自分の支えになっているような気がする。

二〇一二年五月二十八日から六月一日までチョルムの町で第三十四回国際発掘・一般調査・分析シンポジウムが開催された。チョルムはオメールの故郷でもある。二月一日に亡くなったときには日本にいて、葬儀に参列できなかった。二十八日、シンポジウムの初日に私は、オメールのお墓参りをすることにした。彼がいつも私にいっていたことがあった。「サチヒロ、俺の村は緑に囲まれているんだ。そしていたるところに田んぼがあるんだ。一度お前にみせてやりたいね」。

チョルムから彼の故郷であるハジュハムザ村までは、車で一時間半ほどかかった。村のチャイハネ（茶店）でオメールのお墓の場所を尋ねるとすぐ教えてくれた。オメールの親戚という立派な口ひげを蓄えた五十歳前後の男性が、墓地まで案内してくれた。

　オメールが眠っているお墓はこんもりとした森に包まれていた。オメールは両親の側に眠っていた。まだ墓標は立っていなかった。高台にある墓地から村のほうを眺めるとオメールがいっていた田んぼが広がっていた。水をいっぱいにたたえていた。一度お前にみせてやりたいといっていたことが何となくわかるような気がした。

　オメールの墓の前にどれだけいただろうか。先ほどまで広がっていた青空がいつの間にか怪しくなってきた。そしてオメールのところを離れようとしたときに雨が降り出した。私にはオメールが泣いているように思えた。彼がいてくれなかったらここまでトロイアを追うことはなかったのではないか。彼がいてくれたお陰でここまでたどり着いたのではないか。それをなんとしても彼にだけは伝えたかった。

あとがき

　最近発表されているシュリーマン批判には、『古代への情熱』自体が捏造《ねつぞう》されたものであり、『子どものための世界歴史』がトロイア発見に駆り立てた契機ではなかったとするものもある。私はそのような批判には、ほとんど触れることなく、アナトリアで調査をおこなっている者として発掘者シュリーマンにできる限り近づきたいと思った。

　アナトリアで遺丘を発掘していると、つぎつぎと問題にぶつかってしまう。とても乗り越えられそうにもないものばかりだ。いかに確固たる目的をもっていてもふらつくことが何度でもある。目の前にあらわれる魅力的なテーマに惹きつけられないほうがおかしいぐらいだ。その点、シュリーマンは一度として的をはずすことはなかった。それは並の発掘者ではなかなかできないことである。発掘にもっとも不適な時期にヒサルルックで掘り続けるシュリーマンには、おそらく誰をも寄せつけないほどの凄みがあったのではないか。そのようなシュリーマンの発掘に対する姿勢に、私は畏怖《いふ》の念をもたざるをえない。

　自叙伝、日誌に捏造、改竄《かいざん》があったことについては、シュリーマン批判をしている研究者に百歩譲ったとしても、ヒサルルックをトロイアだと思い込みながら発掘したことは誰がなんといおうと否定することはできない。シュリーマンが追い求めたトロイアは、最終的にヒサルルックであると証明されたわけでなかった。そしてデルプフェルト、ブレーゲン、コルフマンも、ヒサルルックがトロイアであるとするシュリーマンの仮説を追従したにすぎなかった。彼らもヒサルルックがトロイアであるとする確証を得たとは思っていない。

ただ、証明されなかったからといって彼らの発掘調査の結果は疎《うと》んじられるのだろうか。否、それはまったくないといえよう。それ以上に、シュリーマンが描いた構想とそれを追い求めたデルプフェルトらは、いまだに考古学の世界で多くの議論がなされるほどの問題を残してくれた。そのこと自体、われわれ発掘者にとって大きな財産ではないかと思っている。一つの問題点に絞って追い求める姿に、現在アナトリアで発掘している者も大いに学ぶべきではないかと思う。

この原稿を執筆しながら、何度も筆を擱《お》こうと思った。それはつぎつぎと発表されるシュリーマン批判を、私の力ではどうしても乗り越えられないのではないかと思ったからである。なんとかここまでたどり着けたのは、友人であるオメール・オズタンの存在が大きかった。彼には感謝の気持ちでいっぱいである。オメールと討論をしている際に、われわれを写真に収めてくれた写真家の兄・大村次郷には、何度もヒサルルック、チャナックカレ、イスタンブル、そしてアテネにきてもらい撮影をお願いした。勝手気儘に必要な写真を要求したことに対して、一度として嫌な顔もせずに応じてくれたことに心から感謝したい。また、妻でヤッスホユック発掘調査隊長の大村正子とは、幾度となくシュリーマン、ヒサルルックの火災層などについて討論を交わした。

この討論なくしては、容易に最終ゴールをみることはできなかったのではないかと思う。遺跡、遺物の撮影、観察に便宜を図ってくれたトルコの文化・観光省、アナトリア文明博物館、チャナックカレ考古学博物館、イスタンブル考古学博物館、ギリシア政府観光局、アテネ国立考古学博物館、そしてシュリーマン・ハウス（現在では国立貨幣博物館）にはお礼を述べたい。多くの学芸員にシュリーマンに関する情報をいただいた。彼らの協力なくしては一歩として前へ進めなかったのではないかと思う。お礼を申しあげたい。そして恩師でもあるオズギュッチ教授の「そこまでシュリーマンのことをいうならフィールドに出てきてやってみればいい」の言は、シュリーマンを発掘者として考えてみようとする一つの大きなきっかけとなった。シュリーマンの「ひた向きな姿勢」を評価したアクルガル先生からもいろいろとアドバイスをいただいた。今、考えるとなぜもっとコルフマン教授に質問しなかったのかと悔やまれてならない。近づき難い雰囲気をもった考古学者だったが、もっとも憧れたフィールドワーカーの一人だった。

『トロイアの真実』のタイトルで著してはみたが、読み返して、核心まではいることができずに終わった感がしないわけでもない。ただ、アナトリアで発掘している者から一つだけいえることは、いかにシュリーマンを批判したとしても彼のような生き方だけは容易にできるとは思わないし、ヒサルルックに関する彼の業績は永遠にその輝きを失うことはないと思う。

アナトリア考古学研究所にて　二〇一四年一月二十六日　大村幸弘

参考文献

シュリーマン著　村田数之亮訳『古代への情熱——シュリーマン自伝』岩波文庫　一九五四年、その後改版

ホメロス著　松平千秋訳『イリアス』（上、下）岩波文庫　一九九二年

ホメロス著　松平千秋訳『オデュッセイア』（上、下）岩波文庫　一九九四年

エーミール・ルートヴィヒ著　秋山英夫訳『シュリーマン——トロイア発掘者の生涯』白水社　一九九五年

エーベルハルト・ツァンガー著　和泉雅人訳『甦るトロイア戦争』大修館書店　一九九七年

ドナルド・イーストン著　五十嵐洋子訳『トロイ——木馬伝説の古代都市』主婦と生活社　一九九八年

デイヴィット・トレイル著　周藤芳幸、澤田典子、北村陽子訳『シュリーマン——黄金と偽りのトロイ』青木書店　一九九九年

G・シャンドン著　有田潤訳『ホメロス物語』白水社　二〇〇〇年

藤縄謙三著『ホメロスの世界』魁星出版　二〇〇六年

Henry Schliemann, *Ilios-City and Country of the Trojans*, London 1880.

Susan Heuck Allen, *Finding the Walls of Troy-Frank Calvert and Heinrich Schiemann at Hisarlik*, London 1990.

Susan Woodford, *The Trohjan War in Ancient Art*, London 1993.

Manfred Korfmann et al., *Traum und Wirklichkeit-Troia*, Stuttgart, 2001.

Manfred Korfmann, *Troia/Wilush*, Istanbul, 2005.

大村幸弘　おおむらさちひろ
1946年生。早稲田大学第一文学部西洋史学科卒業。アンカラ大学言語歴史地理学部中近東考古学科博士課程修了、文学博士。1972年以来、トルコ各地の発掘調査に参加、現在、アナトリア考古学研究所所長。
主要著書、共訳書：『鉄を生みだした帝国――ヒッタイト発掘』（日本放送出版協会　1981)、『トルコ世界歴史の旅』（山川出版社　2000)、『カッパドキア――トルコ洞窟修道院と地下都市』（集英社　2001)、『アナトリア発掘記――カマン・カレホユック遺跡の二十年』（日本放送出版協会　2004)、『ヒッタイト王国の発見』（共訳、山本書店　1991)

大村次郷　おおむらつぐさと
1941年生。多摩芸術学園写真科及び青山学院大学卒業。写真家・濱谷浩に師事。おもにオリエント、インド、中国、トルコなどを中心にフォト・ルポルタージュを手がける。NHKドキュメンタリー番組『シルクロード』『文明の道』その他のスチールを担当。
主要著書：『アジア食文化の旅』（朝日文庫　1989)、『遺跡が語るアジア カラー版』（中公新書　2004)、『シルクロード 歴史と今がわかる事典』（岩波ジュニア新書　2010)、『アジアをゆくシリーズ』（共著、集英社　2000、2001)

図版出典　●写真提供　ユニフォトプレス　p.10, 42-43, 74, 82右上 , 94-95, 98, 103, 180上
●p.46, 47, 149, 152, 153のスケッチ　『古代への情熱――シュリーマン自伝』（岩波文庫　2012）より

トロイアの真実《しんじつ》
アナトリアの発掘現場《はっくつげんば》からシュリーマンの実像《じつぞう》を踏査《とうさ》する

2014年3月20日　1版1刷　印刷
2014年3月30日　1版1刷　発行

著　者　大村幸弘《おおむらさちひろ》
発行者　野澤伸平
発行所　株式会社 山川出版社
〒101-0047　東京都千代田区内神田1-13-13
電話　03（3293）8131（営業）　8134（編集）
http://www.yamakawa.co.jp
振替　00120-9-43993

印刷・製本所　株式会社 アイワード
装幀・デザイン　中村竜太郎
編集協力　木村　滋

　ISBN 978-4-634-64069-6